I0170834

SUECO
VOCABULÁRIO

PORTUGUÊS
SUECO

Para alargar o seu léxico e apurar
as suas competências linguísticas

3000 palavras

Vocabulário Português-Sueco - 3000 palavras

Por Andrey Taranov

Os vocabulários da T&P Books destinam-se a ajudar a aprender, a memorizar, e a rever palavras estrangeiras. O dicionário é dividido em temas, cobrindo todas as principais esferas de atividades quotidianas, negócios, ciência, cultura, etc.

O processo de aprendizagem, utilizando os dicionários baseados em temáticas da T&P Books dá-lhe as seguintes vantagens:

- Informação de origem corretamente agrupada predetermina o sucesso em fases subsequentes da memorização de palavras
- Disponibilização de palavras derivadas da mesma raiz, o que permite a memorização de unidades de texto (em vez de palavras separadas)
- Pequenas unidades de palavras facilitam o processo de estabelecimento de vínculos associativos necessários para a consolidação do vocabulário
- O nível de conhecimento da língua pode ser estimado pelo número de palavras aprendidas

T&P Books Publishing
www.tpbooks.com

ISBN: 978-1-78400-972-4

Este livro também está disponível em formato E-book.
Por favor visite www.tpbooks.com ou as principais livrarias on-line.

VOCABULÁRIO SUECO
palavras mais úteis

Os vocabulários da T&P Books destinam-se a ajudar a aprender, a memorizar, e a rever palavras estrangeiras. O vocabulário contém mais de 3000 palavras de uso comum organizadas tematicamente.

O vocabulário contém as palavras mais comummente usadas
Recomendado como adicional para qualquer curso de línguas
Satisfaz as necessidades dos iniciados e dos alunos avançados de línguas estrangeiras
Conveniente para o uso diário, sessões de revisão e atividades de auto-teste
Permite avaliar o seu vocabulário

Características especias do vocabulário

*   As palavras estão organizadas de acordo com o seu significado, e não por ordem alfabética
*   As palavras são apresentadas em três colunas para facilitar os processos de revisão e auto-teste
*   As palavras compostas são divididas em pequenos blocos para facilitar o processo de aprendizagem
*   O vocabulário oferece uma transcrição simples e adequada de cada palavra estrangeira

O vocabulário contém 101 tópicos incluindo:

Conceitos básicos, Números, Cores, Meses, Estações do ano, Unidades de medida, Roupas & Acessórios, Alimentos & Nutrição, Restaurante, Membros da Família, Parentes, Caráter, Sentimentos, Emoções, Doenças, Cidade, Passeios, Compras, Dinheiro, Casa, Lar, Escritório, Trabalho no Escritório, Importação & Exportação, Marketing, Pesquisa de Emprego, Desportos, Educação, Computador, Internet, Ferramentas, Natureza, Países, Nacionalidades e muito mais ...

TABELA DE CONTEÚDOS

GUIA DE PRONUNCIAÇÃO

Letra	Exemplo Sueco	Alfabeto fonético T&P	Exemplo Português
Aa	bada	[ɑ], [ɑ:]	amar
Bb	tabell	[b]	barril
Cc [1]	licens	[s]	sanita
Cc [2]	container	[k]	kiwi
Dd	andra	[d]	dentista
Ee	efter	[e]	metal
Ff	flera	[f]	safári
Gg [3]	gömma	[j]	géiser
Gg [4]	truga	[g]	gosto
Hh	handla	[h]	[h] aspirada
Ii	tillhöra	[i:], [ɪ]	cair
Jj	jaga	[j]	géiser
Kk [5]	keramisk	[ɕ]	shiatsu
Kk [6]	frisk	[k]	kiwi
Ll	tal	[l]	libra
Mm	medalj	[m]	magnólia
Nn	panik	[n]	natureza
Oo	tolv	[ɔ]	emboço
Pp	plommon	[p]	presente
Qq	squash	[k]	kiwi
Rr	spelregler	[r]	riscar
Ss	spara	[s]	sanita
Tt	tillhöra	[t]	tulipa
Uu	ungefär	[u], [ʉ:]	coelho
Vv	overall	[v]	fava
Ww [7]	kiwi	[w]	página web
Xx	sax	[ks]	perplexo
Yy	manikyr	[y], [y:]	trabalho
Zz	zoolog	[s]	sanita
Åå	sångare	[ə]	milagre
Ää	tandläkare	[æ]	semana
Öö	kompositör	[ø]	orgulhoso

Combinações de letras

Ss [8]	sjösjuka	[ʃ]	mês
sk [9]	skicka	[ʃ]	mês
s [10]	först	[ʃ]	mês
Jj [11]	djärv	[j]	géiser
Lj [12]	ljus	[j]	géiser

Letra	Exemplo Sueco	Alfabeto fonético T&P	Exemplo Português
kj, tj	kjol	[ɕ]	shiatsu
ng	omkring	[ŋ]	alcançar

Comentários

- **kj** pronuncia-se como
- **ng** transfere um som nasal
- [1] antes de **e, i, y**
- [2] noutras situações
- [3] antes de **e, i, ä, ö**
- [4] noutras situações
- [5] antes de **e, i, ä, ö**
- [6] noutras situações
- [7] em estrangeirismos
- [8] em **sj, skj, stj**
- [9] antes de **e, i, y, ä, ö** acentuados
- [10] na combinação **rs**
- [11] em **dj, hj, gj, kj**
- [12] no início de palavras

ABREVIATURAS
usadas no vocabulário

Abreviaturas do Português

adj	-	adjetivo
adv	-	advérbio
anim.	-	animado
conj.	-	conjunção
desp.	-	desporto
etc.	-	etecetra
ex.	-	por exemplo
f	-	nome feminino
f pl	-	feminino plural
fem.	-	feminino
inanim.	-	inanimado
m	-	nome masculino
m pl	-	masculino plural
m, f	-	masculino, feminino
masc.	-	masculino
mat.	-	matemática
mil.	-	militar
pl	-	plural
prep.	-	preposição
pron.	-	pronome
sb.	-	sobre
sing.	-	singular
v aux	-	verbo auxiliar
vi	-	verbo intransitivo
vi, vt	-	verbo intransitivo, transitivo
vr	-	verbo reflexivo
vt	-	verbo transitivo

Abreviaturas do Sueco

pl	-	plural

Artigos do Sueco

den	-	género comum
det	-	neutro

en	-	género comum
ett	-	neutro

CONCEITOS BÁSICOS

1. Pronomes

eu	**jag**	['ja:]
tu	**du**	[dʉ:]
ele	**han**	['han]
ela	**hon**	['hʊn]
ele, ela (neutro)	**det, den**	[dɛ], [dɛn]
nós	**vi**	['vi]
vocês	**ni**	['ni]
eles, elas	**de**	[de:]

2. Cumprimentos. Saudações

Olá!	**Hej!**	['hɛj]
Bom dia! (formal)	**Hej! Hallå!**	['hɛj], [ha'lʲo:]
Bom dia! (de manhã)	**God morgon!**	[ˌgʊd 'mɔrgɔn]
Boa tarde!	**God dag!**	[ˌgʊd 'dag]
Boa noite!	**God kväll!**	[ˌgʊd 'kvɛlʲ]
cumprimentar (vt)	**att hälsa**	[at 'hɛlʲsa]
Olá!	**Hej!**	['hɛj]
saudação (f)	**hälsning (en)**	['hɛlʲsniŋ]
saudar (vt)	**att hälsa**	[at 'hɛlʲsa]
Como vai?	**Hur står det till?**	[hʉr sto: de 'tilʲ]
Como vais?	**Hur är det?**	[hʉr ɛr 'de:]
O que há de novo?	**Vad är nytt?**	[vad æ:r 'nʏt]
Adeus! (formal)	**Adjö! Hej då!**	[a'jø:], [hɛj'do:]
Até à vista! (informal)	**Hej då!**	[hɛj'do:]
Até breve!	**Vi ses!**	[vɪ ses]
Adeus!	**Adjö! Farväl!**	[a'jø:], [far'vɛ:lʲ]
despedir-se (vr)	**att säga adjö**	[at 'sɛ:ja a'jø:]
Até logo!	**Hej då!**	[hɛj'do:]
Obrigado! -a!	**Tack!**	['tak]
Muito obrigado! -a!	**Tack så mycket!**	['tak sɔ 'mʏkə]
De nada	**Varsågod**	['va:ʂo:gʊd]
Não tem de quê	**Ingen orsak!**	['iŋən 'ʊ:ʂak]
De nada	**Ingen orsak!**	['iŋən 'ʊ:ʂak]
Desculpa!	**Ursäkta, …**	['ʉ:ˌsɛkta …]
Desculpe!	**Ursäkta mig, …**	['ʉ:ˌsɛkta mɛj …]
desculpar (vt)	**att ursäkta**	[at 'ʉ:ˌsɛkta]
desculpar-se (vr)	**att ursäkta sig**	[at 'ʉ:ˌsɛkta sɛj]

As minhas desculpas	**Jag ber om ursäkt**	[ja ber ɔm 'ɵːˌʂɛkt]
Desculpe!	**Förlåt!**	[fœːˈʃoːt]
perdoar (vt)	**att förlåta**	[at 'fœːˌʃoːta]
Não faz mal	**Det gör inget**	[dɛ jør 'iŋet]
por favor	**snälla**	['snɛla]
Não se esqueça!	**Glöm inte!**	['glʲøːm 'intə]
Certamente! Claro!	**Naturligtvis!**	[na'tɵrligvis]
Claro que não!	**Självklart inte!**	['ɧɛlʲvklʲaʈ 'intə]
Está bem! De acordo!	**OK! Jag håller med.**	[ɔ'kej] , [ja 'hoːlʲer me]
Basta!	**Det räcker!**	[dɛ 'rɛkə]

<h3 style="background:black;color:white;padding:4px;">3. Questões</h3>

Quem?	**Vem?**	['vem]
Que?	**Vad?**	['vad]
Onde?	**Var?**	['var]
Para onde?	**Vart?**	['vaːʈ]
De onde?	**Varifrån?**	['varifroːn]
Quando?	**När?**	['næːr]
Para quê?	**Varför?**	['vaːføːr]
Porquê?	**Varför?**	['vaːføːr]
Para quê?	**För vad?**	['før vad]
Como?	**Hur?**	['hɵːr]
Qual?	**Vilken?**	['vilʲkən]
Qual? (entre dois ou mais)	**Vilken?**	['vilʲkən]
A quem?	**Till vem?**	[tilʲ 'vem]
Sobre quem?	**Om vem?**	[ɔm 'vem]
Do quê?	**Om vad?**	[ɔm 'vad]
Com quem?	**Med vem?**	[me 'vem]
Quantos? -as?	**Hur många?**	[hɵr 'mɔŋa]
Quanto?	**Hur mycket?**	[hɵr 'mʏkə]
De quem? (masc.)	**Vems?**	['vɛms]

<h3 style="background:black;color:white;padding:4px;">4. Preposições</h3>

com (prep.)	**med**	['me]
sem (prep.)	**utan**	['ɵtan]
a, para (exprime lugar)	**till**	['tilʲ]
sobre (ex. falar ~)	**om**	['ɔm]
antes de ...	**för, inför**	['føːr], ['inføːr]
diante de ...	**framför**	['framføːr]
sob (debaixo de)	**under**	['undər]
sobre (em cima de)	**över**	['øːvər]
sobre (~ a mesa)	**på**	[pɔ]
de (vir ~ Lisboa)	**från**	['frɔn]
de (feito ~ pedra)	**av**	[av]
dentro de (~ dez minutos)	**om**	['ɔm]
por cima de ...	**över**	['øːvər]

5. Palavras funcionais. Advérbios. Parte 1

Onde?	Var?	['var]
aqui	här	['hæ:r]
lá, ali	där	['dæ:r]
em algum lugar	någonstans	['no:gɔn‚stans]
em lugar nenhum	ingenstans	['iŋən‚stans]
ao pé de ...	vid	['vid]
ao pé da janela	vid fönstret	[vid 'fœnstrət]
Para onde?	Vart?	['va:t]
para cá	hit	['hit]
para lá	dit	['dit]
daqui	härifrån	['hæ:ri‚fro:n]
de lá, dali	därifrån	['dæ:ri‚fro:n]
perto	nära	['næ:ra]
longe	långt	['lʲɔŋt]
perto de ...	nära	['næ:ra]
ao lado de	i närheten	[i 'næ:r‚hetən]
perto, não fica longe	inte långt	['intə 'lʲɔŋt]
esquerdo	vänster	['vɛnstər]
à esquerda	till vänster	[tilʲ 'vɛnstər]
para esquerda	till vänster	[tilʲ 'vɛnstər]
direito	höger	['hø:gər]
à direita	till höger	[tilʲ 'hø:gər]
para direita	till höger	[tilʲ 'hø:gər]
à frente	framtill	['framtilʲ]
da frente	främre	['frɛmrə]
em frente (para a frente)	framåt	['framo:t]
atrás de ...	bakom, baktill	['bakɔm], ['bak'tilʲ]
por detrás (vir ~)	bakifrån	['baki‚fro:n]
para trás	tillbaka	[tilʲ'baka]
meio (m), metade (f)	mitt (en)	['mit]
no meio	i mitten	[i 'mitən]
de lado	från sidan	[frɔn 'sidan]
em todo lugar	överallt	['ø:vər‚alʲt]
ao redor (olhar ~)	runt omkring	[runt ɔm'kriŋ]
de dentro	inifrån	['ini‚fro:n]
para algum lugar	någonstans	['no:gɔn‚stans]
diretamente	rakt, rakt fram	['rakt], ['rakt fram]
de volta	tillbaka	[tilʲ'baka]
de algum lugar	från var som helst	[frɔn va som 'hɛlʲst]
de um lugar	från någonstans	[frɔn 'no:gɔn‚stans]

em primeiro lugar	för det första	['før de 'fœ:ṣta]
em segundo lugar	för det andra	['før de 'andra]
em terceiro lugar	för det tredje	['før de 'trɛdjə]

de repente	plötsligt	['plʲøtslit]
no início	i början	[i 'bœrjan]
pela primeira vez	för första gången	['før 'fœ:ṣta 'goŋən]
muito antes de ...	långt innan ...	['lʲoŋt 'inan ...]
de novo, novamente	på nytt	[pɔ 'nʏt]
para sempre	för gott	[før 'gɔt]

nunca	aldrig	['alʲdrig]
de novo	igen	['ijɛn]
agora	nu	['nʉ:]
frequentemente	ofta	['ɔfta]
então	då	['do:]
urgentemente	brådskande	['brɔˌskandə]
usualmente	vanligtvis	['vanˌlitvis]

a propósito, ...	förresten ...	[fœ:'rɛstən ...]
é possível	möjligen	['mœjligən]
provavelmente	sannolikt	[sanʊ'likt]
talvez	kanske	['kanɦə]
além disso, ...	dessutom ...	[des'ʉ:tʊm ...]
por isso ...	därför ...	['dæ:før ...]
apesar de ...	i trots av ...	[i 'trɔts av ...]
graças a ...	tack vare ...	['tak ˌvarə ...]

que (pron.)	vad	['vad]
que (conj.)	att	[at]
algo	något	['no:gɔt]
alguma coisa	något	['no:gɔt]
nada	ingenting	['iŋəntiŋ]

quem	vem	['vem]
alguém (~ teve uma ideia ...)	någon	['no:gɔn]
alguém	någon	['no:gɔn]

ninguém	ingen	['iŋən]
para lugar nenhum	ingenstans	['iŋənˌstans]
de ninguém	ingens	['iŋəns]
de alguém	någons	['no:gɔns]

tão	så	['so:]
também (gostaria ~ de ...)	också	['ɔkso:]
também (~ eu)	också	['ɔkso:]

6. Palavras funcionais. Advérbios. Parte 2

Porquê?	Varför?	['va:fø:r]
por alguma razão	av någon anledning	[av 'no:gɔn 'anˌlʲedniŋ]
porque ...	därför att ...	['dæ:før at ...]
por qualquer razão	av någon anledning	[av 'no:gɔn 'anˌlʲedniŋ]
e (tu ~ eu)	och	['ɔ]

ou (ser ~ não ser)	eller	['ɛlʲer]
mas (porém)	men	['men]
para (~ a minha mãe)	för, till	['fø:r]

demasiado, muito	för, alltför	['fø:r], ['alʲtfø:r]
só, somente	bara, endast	['bara], ['ɛndast]
exatamente	precis, exakt	[prɛ'sis], [ɛk'sakt]
cerca de (~ 10 kg)	cirka	['sirka]

aproximadamente	ungefär	['uŋəˌfæ:r]
aproximado	ungefärlig	['uŋəˌfæ:lʲig]
quase	nästan	['nɛstan]
resto (m)	rest (en)	['rɛst]

o outro (segundo)	den andra	[dɛn 'andra]
outro	andre	['andrə]
cada	var	['var]
qualquer	vilken som helst	['vilʲkən sɔm 'hɛlʲst]
muito	mycken, mycket	['mʏkən], ['mʏkə]
muitas pessoas	många	['mɔŋa]
todos	alla	['alʲa]

em troca de ...	i gengäld för ...	[i 'jɛŋɛld ˌfør ...]
em troca	i utbyte	[i 'ʉtˌbytə]
à mão	för hand	[før 'hand]
pouco provável	knappast	['knapast]

provavelmente	sannolikt	[sanʊ'likt]
de propósito	med flit, avsiktligt	[me flit], ['avsiktlit]
por acidente	tillfälligtvis	['tilʲfolitvis]

muito	mycket	['mʏkə]
por exemplo	till exempel	[tilʲ ɛk'sɛmpəl]
entre	mellan	['mɛlʲan]
entre (no meio de)	bland	['blʲand]
tanto	så mycket	[sɔ 'mʏkə]
especialmente	särskilt	['sæ:ˌʂilʲt]

NÚMEROS. DIVERSOS

7. Números cardinais. Parte 1

zero	noll	['nɔlʲ]
um	ett	[ɛt]
dois	två	['tvo:]
três	tre	['tre:]
quatro	fyra	['fyra]
cinco	fem	['fem]
seis	sex	['sɛks]
sete	sju	['ɧʉ:]
oito	åtta	['ota]
nove	nio	['ni:ʊ]
dez	tio	['ti:ʊ]
onze	elva	['ɛlʲva]
doze	tolv	['tɔlʲv]
treze	tretton	['trɛttɔn]
catorze	fjorton	['fjʊ:ʈɔn]
quinze	femton	['fɛmtɔn]
dezasseis	sexton	['sɛkstɔn]
dezassete	sjutton	['ɧʉ:ttɔn]
dezoito	arton	['a:ʈɔn]
dezanove	nitton	['ni:ttɔn]
vinte	tjugo	['ɕʉgʊ]
vinte e um	tjugoett	['ɕʉgʊˌɛt]
vinte e dois	tjugotvå	['ɕʉgʊˌtvo:]
vinte e três	tjugotre	['ɕʉgʊˌtre:]
trinta	trettio	['trɛttiʊ]
trinta e um	trettioett	['trɛttiʊˌɛt]
trinta e dois	trettiotvå	['trɛttiʊˌtvo:]
trinta e três	trettiotre	['trɛttiʊˌtre:]
quarenta	fyrtio	['fœ:ʈiʊ]
quarenta e um	fyrtioett	['fœ:ʈiʊˌɛt]
quarenta e dois	fyrtiotvå	['fœ:ʈiʊˌtvo:]
quarenta e três	fyrtiotre	['fœ:ʈiʊˌtre:]
cinquenta	femtio	['fɛmtiʊ]
cinquenta e um	femtioett	['fɛmtiʊˌɛt]
cinquenta e dois	femtiotvå	['fɛmtiʊˌtvo:]
cinquenta e três	femtiotre	['fɛmtiʊˌtre:]
sessenta	sextio	['sɛkstiʊ]
sessenta e um	sextioett	['sɛkstiʊˌɛt]

| sessenta e dois | sextiotvå | ['sɛkstiʊˌtvoː] |
| sessenta e três | sextiotre | ['sɛkstiʊˌtreː] |

setenta	sjuttio	['ɧuttiʊ]
setenta e um	sjuttioett	['ɧuttiʊˌɛt]
setenta e dois	sjuttiotvå	['ɧuttiʊˌtvoː]
setenta e três	sjuttiotre	['ɧuttiʊˌtreː]

oitenta	åttio	['ottiʊ]
oitenta e um	åttioett	['ottiʊ'ɛt]
oitenta e dois	åttiotvå	['ottiʊˌtvoː]
oitenta e três	åttiotre	['ottiʊˌtreː]

noventa	nittio	['nittiʊ]
noventa e um	nittioett	['nittiʊˌɛt]
noventa e dois	nittiotvå	['nittiʊˌtvoː]
noventa e três	nittiotre	['nittiʊˌtreː]

8. Números cardinais. Parte 2

cem	hundra (ett)	['hundra]
duzentos	tvåhundra	['tvoːˌhundra]
trezentos	trehundra	['treˌhundra]
quatrocentos	fyrahundra	['fyraˌhundra]
quinhentos	femhundra	['femˌhundra]

seiscentos	sexhundra	['sɛksˌhundra]
setecentos	sjuhundra	['ɧʉːˌhundra]
oitocentos	åttahundra	['otaˌhundra]
novecentos	niohundra	['niʊˌhundra]

mil	tusen (ett)	['tʉːsən]
dois mil	tvåtusen	['tvoːˌtʉːsən]
De quem são ...?	tretusen	['treːˌtʉːsən]
dez mil	tiotusen	['tiːʊˌtʉːsən]
cem mil	hundratusen	['hundraˌtʉːsən]
um milhão	miljon (en)	[mi'ljʊn]
mil milhões	miljard (en)	[mi'ljaːɖ]

9. Números ordinais

primeiro	första	['fœːʂta]
segundo	andra	['andra]
terceiro	tredje	['trɛdjə]
quarto	fjärde	['fjæːɖə]
quinto	femte	['fɛmtə]

sexto	sjätte	['ɧæːtə]
sétimo	sjunde	['ɧundə]
oitavo	åttonde	['ottondə]
nono	nionde	['niːʊndə]
décimo	tionde	['tiːˌɔndə]

CORES. UNIDADES DE MEDIDA

10. Cores

cor (f)	färg (en)	['fæ:rj]
matiz (m)	nyans (en)	[ny'ans]
tom (m)	färgton (en)	['fæ:rjˌtʊn]
arco-íris (m)	regnbåge (en)	['rɛgnˌbo:gə]
branco	vit	['vit]
preto	svart	['sva:t]
cinzento	grå	['gro:]
verde	grön	['grø:n]
amarelo	gul	['gʉ:lʲ]
vermelho	röd	['rø:d]
azul	blå	['blʲo:]
azul claro	ljusblå	['jʉ:sˌblʲo:]
rosa	rosa	['rɔsa]
laranja	orange	[ɔ'ranʃ]
violeta	violett	[viʊ'lʲet]
castanho	brun	['brʉ:n]
dourado	guld-	['gulʲd-]
prateado	silver-	['silʲvər-]
bege	beige	['bɛʃ]
creme	cremefärgad	['krɛːmˌfæ:rjad]
turquesa	turkos	[tur'ko:s]
vermelho cereja	körsbärsröd	['çø:ʂbæ:ʂˌrø:d]
lilás	lila	['lilʲa]
carmesim	karmosinröd	[kar'mosinˌrø:d]
claro	ljus	['jʉ:s]
escuro	mörk	['mœ:rk]
vivo	klar	['klʲar]
de cor	färg-	['fæ:rj-]
a cores	färg-	['fæ:rj-]
preto e branco	svartvit	['sva:tˌvit]
unicolor	enfärgad	['ɛnˌfæ:rjad]
multicor	mångfärgad	['mɔŋˌfæ:rjad]

11. Unidades de medida

peso (m)	vikt (en)	['vikt]
comprimento (m)	längd (en)	[lʲɛŋd]

largura (f)	bredd (en)	['brɛd]
altura (f)	höjd (en)	['hœjd]
profundidade (f)	djup (ett)	['jʉːp]
volume (m)	volym (en)	[vɔ'lʲym]
área (f)	yta, areal (en)	['yta], [are'alʲ]

grama (m)	gram (ett)	['gram]
miligrama (m)	milligram (ett)	['mili,gram]
quilograma (m)	kilogram (ett)	[ɕilʲɔ'gram]
tonelada (f)	ton (en)	['tʊn]
libra (453,6 gramas)	skålpund (ett)	['skoːlʲ,pund]
onça (f)	uns (ett)	['uns]

metro (m)	meter (en)	['metər]
milímetro (m)	millimeter (en)	['mili,metər]
centímetro (m)	centimeter (en)	[sɛnti'metər]
quilómetro (m)	kilometer (en)	[ɕilʲɔ'metər]
milha (f)	mil (en)	['milʲ]

polegada (f)	tum (en)	['tum]
pé (304,74 mm)	fot (en)	['fʊt]
jarda (914,383 mm)	yard (en)	['jaːd]

metro (m) quadrado	kvadratmeter (en)	[kva'drat,metər]
hectare (m)	hektar (ett)	[hɛk'tar]

litro (m)	liter (en)	['litər]
grau (m)	grad (en)	['grad]
volt (m)	volt (en)	['vɔlʲt]
ampere (m)	ampere (en)	[am'pɛr]
cavalo-vapor (m)	hästkraft (en)	['hɛst,kraft]

quantidade (f)	mängd, kvantitet (en)	['mɛŋt], [kwanti'tet]
um pouco de ...	få ..., inte många ...	['foː ...], ['intə 'mɔŋa ...]
metade (f)	hälft (en)	['hɛlʲft]
dúzia (f)	dussin (ett)	['dusin]
peça (f)	stycke (ett)	['stʏkə]

dimensão (f)	storlek (en)	['stʊːlʲek]
escala (f)	skala (en)	['skalʲa]

mínimo	minimal	[mini'malʲ]
menor, mais pequeno	minst	['minst]
médio	medel	['medəlʲ]
máximo	maximal	[maksi'malʲ]
maior, mais grande	störst	['støːʂt]

12. Recipientes

boião (m) de vidro	glasburk (en)	['glʲas,burk]
lata (~ de cerveja)	burk (en)	['burk]
balde (m)	hink (en)	['hiŋk]
barril (m)	tunna (en)	['tuna]
bacia (~ de plástico)	tvättfat (ett)	['tvæt,fat]

tanque (m)	**tank (en)**	['taŋk]
cantil (m) de bolso	**plunta, fickflaska (en)**	['plʉnta], ['fikˌflʲaska]
bidão (m) de gasolina	**dunk (en)**	['dʉ:ŋk]
cisterna (f)	**tank (en)**	['taŋk]
caneca (f)	**mugg (en)**	['mug]
chávena (f)	**kopp (en)**	['kop]
pires (m)	**tefat (ett)**	['teˌfat]
copo (m)	**glas (ett)**	['glʲas]
taça (f) de vinho	**vinglas (ett)**	['vinˌglʲas]
panela, caçarola (f)	**kastrull, gryta (en)**	[ka'strulʲ], ['gryta]
garrafa (f)	**flaska (en)**	['flʲaska]
gargalo (m)	**flaskhals (en)**	['flʲaskˌhalʲs]
jarro, garrafa (f)	**karaff (en)**	[ka'raf]
jarro (m) de barro	**kanna (en) med handtag**	['kana me 'hanˌtag]
recipiente (m)	**behållare (en)**	[be'ho:lʲarə]
pote (m)	**kruka (en)**	['krʉka]
vaso (m)	**vas (en)**	['vas]
frasco (~ de perfume)	**flakong (en)**	[flʲa'kɔŋ]
frasquinho (ex. ~ de iodo)	**flaska (en)**	['flʲaska]
tubo (~ de pasta dentífrica)	**tub (en)**	['tʉ:b]
saca (ex. ~ de açúcar)	**säck (en)**	['sɛk]
saco (~ de plástico)	**påse (en)**	['po:sə]
maço (m)	**paket (ett)**	[pa'ket]
caixa (~ de sapatos, etc.)	**ask (en)**	['ask]
caixa (~ de madeira)	**låda (en)**	['lʲo:da]
cesta (f)	**korg (en)**	['kɔrj]

VERBOS PRINCIPAIS

13. Os verbos mais importantes. Parte 1

abrir (vt)	att öppna	[at 'øpna]
acabar, terminar (vt)	att sluta	[at 'slɯːta]
aconselhar (vt)	att råda	[at 'roːda]
adivinhar (vt)	att gissa	[at 'jisa]
advertir (vt)	att varna	[at 'vaːɳa]
ajudar (vt)	att hjälpa	[at 'jɛlʲpa]
almoçar (vi)	att äta lunch	[at 'ɛːta ˌlɯnɕ]
alugar (~ um apartamento)	att hyra	[at 'hyra]
amar (vt)	att älska	[at 'ɛlʲska]
ameaçar (vt)	att hota	[at 'hʊta]
anotar (escrever)	att skriva ner	[at 'skriva ner]
apanhar (vt)	att fånga	[at 'foŋa]
apressar-se (vr)	att skynda sig	[at 'ɧynda sɛj]
arrepender-se (vr)	att beklaga	[at beˈklʲaga]
assinar (vt)	att underteckna	[at 'undəˌtɛkna]
atirar, disparar (vi)	att skjuta	[at 'ɧɯːta]
brincar (vi)	att skämta, att skoja	[at 'ɧɛmta], [at 'skɔja]
brincar, jogar (crianças)	att leka	[at 'lʲeka]
buscar (vt)	att söka ...	[at 'søːka ...]
caçar (vi)	att jaga	[at 'jaga]
cair (vi)	att falla	[at 'falʲa]
cavar (vt)	att gräva	[at 'grɛːva]
cessar (vt)	att sluta	[at 'slɯːta]
chamar (~ por socorro)	att tillkalla	[at 'tilʲˌkalʲa]
chegar (vi)	att ankomma	[at 'aŋˌkɔma]
chorar (vi)	att gråta	[at 'groːta]
começar (vt)	att begynna	[at beˈjina]
comparar (vt)	att jämföra	[at 'jɛmˌføra]
compreender (vt)	att förstå	[at fœːˈʂtoː]
concordar (vi)	att samtycka	[at 'samˌtʏka]
confiar (vt)	att lita på	[at 'lita pɔ]
confundir (equivocar-se)	att förväxla	[at førˈvɛkslʲa]
conhecer (vt)	att känna	[at 'ɕɛna]
contar (fazer contas)	att räkna	[at 'rɛkna]
contar com (esperar)	att räkna med ...	[at 'rɛkna me ...]
continuar (vt)	att fortsätta	[at 'fʊtˌsæta]
controlar (vt)	att kontrollera	[at kɔntrɔˈlʲera]
convidar (vt)	att inbjuda, att invitera	[at inˈbjɯːda], [at inviˈtera]
correr (vi)	att löpa, att springa	[at 'lʲøːpa], [at 'spriŋa]

| criar (vt) | att skapa | [at 'skapa] |
| custar (vt) | att kosta | [at 'kɔsta] |

14. Os verbos mais importantes. Parte 2

dar (vt)	att ge	[at je:]
dar uma dica	att ge en vink	[at je: en 'viŋk]
decorar (enfeitar)	att pryda	[at 'pryda]
defender (vt)	att försvara	[at fœ:'ʂvara]
deixar cair (vt)	att tappa	[at 'tapa]

descer (para baixo)	att gå ned	[at 'go: ˌned]
desculpar (vt)	att ursäkta	[at 'ɵ:ˌʂɛkta]
desculpar-se (vr)	att ursäkta sig	[at 'ɵ:ˌʂɛkta sɛj]
dirigir (~ uma empresa)	att styra, att leda	[at 'styra], [at 'lʲeda]
discutir (notícias, etc.)	att diskutera	[at diskɵ'tera]
dizer (vt)	att säga	[at 'sɛ:ja]

duvidar (vt)	att tvivla	[at 'tvivlʲa]
encontrar (achar)	att finna	[at 'fina]
enganar (vt)	att fuska	[at 'fɵska]
entrar (na sala, etc.)	att komma in	[at 'kɔma 'in]
enviar (uma carta)	att skicka	[at 'ɧika]
errar (equivocar-se)	att göra fel	[at 'jø:ra ˌfelʲ]
escolher (vt)	att välja	[at 'vɛlja]
esconder (vt)	att gömma	[at 'jœma]
escrever (vt)	att skriva	[at 'skriva]
esperar (o autocarro, etc.)	att vänta	[at 'vɛnta]

esquecer (vt)	att glömma	[at 'glʲœma]
estudar (vt)	att studera	[at stu'dera]
exigir (vt)	att kräva	[at 'krɛ:va]
existir (vi)	att existera	[at ɛksi'stera]

explicar (vt)	att förklara	[at før'klʲara]
falar (vi)	att tala	[at 'talʲa]
faltar (clases, etc.)	att missa	[at 'misa]
fazer (vt)	att göra	[at 'jø:ra]

| ficar em silêncio | att tiga | [at 'tiga] |
| gabar-se, jactar-se (vr) | att skryta | [at 'skryta] |

gostar (apreciar)	att gilla	[at 'jilʲa]
gritar (vi)	att skrika	[at 'skrika]
guardar (cartas, etc.)	att behålla	[at be'hɔ:lʲa]

| informar (vt) | att informera | [at infɔr'mera] |
| insistir (vi) | att insistera | [at insi'stera] |

insultar (vt)	att förolämpa	[at 'førɵˌlʲɛmpa]
interessar-se (vr)	att intressera sig	[at intrɛ'sera sɛj]
ir (a pé)	att gå	[at 'go:]
ir nadar	att bada	[at 'bada]
jantar (vi)	att äta kvällsmat	[at 'ɛ:ta 'kvɛlʲsˌmat]

15. Os verbos mais importantes. Parte 3

ler (vt)	**att läsa**	[at 'lʲɛ:sa]
libertar (cidade, etc.)	**att befria**	[at be'fria]
matar (vt)	**att döda, att mörda**	[at 'dø:da], [at 'mø:ɖa]
mencionar (vt)	**att omnämna**	[at 'ɔmˌnɛmna]
mostrar (vt)	**att visa**	[at 'visa]
mudar (modificar)	**att ändra**	[at 'ɛndra]
nadar (vi)	**att simma**	[at 'sima]
negar-se a ...	**att vägra**	[at 'vɛgra]
objetar (vt)	**att invända**	[at 'inˌvɛnda]
observar (vt)	**att observera**	[at ɔbsɛr'vera]
ordenar (mil.)	**att beordra**	[at be'o:ɖra]
ouvir (vt)	**att höra**	[at 'hø:ra]
pagar (vt)	**att betala**	[at be'talʲa]
parar (vi)	**att stanna**	[at 'stana]
participar (vi)	**att delta**	[at 'dɛlʲta]
pedir (comida)	**att beställa**	[at be'stɛlʲa]
pedir (um favor, etc.)	**att be**	[at 'be:]
pegar (tomar)	**att ta**	[at ta]
pensar (vt)	**att tänka**	[at 'tɛŋka]
perceber (ver)	**att märka**	[at 'mæ:rka]
perdoar (vt)	**att förlåta**	[at 'fœ:ˌlʲo:ta]
perguntar (vt)	**att fråga**	[at 'fro:ga]
permitir (vt)	**att tillåta**	[at 'tilʲo:ta]
pertencer a ...	**att tillhöra ...**	[at 'tilʲˌhø:ra ...]
planear (vt)	**att planera**	[at plʲa'nera]
poder (vi)	**att kunna**	[at 'kuna]
possuir (vt)	**att besitta, att äga**	[at be'sita], [at 'ɛ:ga]
preferir (vt)	**att föredra**	[at 'førədra]
preparar (vt)	**att laga**	[at 'lʲaga]
prever (vt)	**att förutse**	[at 'førʉtˌsə]
prometer (vt)	**att lova**	[at 'lʲova]
pronunciar (vt)	**att uttala**	[at 'ʉtˌtalʲa]
propor (vt)	**att föreslå**	[at 'førəˌslʲo:]
punir (castigar)	**att straffa**	[at 'strafa]

16. Os verbos mais importantes. Parte 4

quebrar (vt)	**att bryta**	[at 'bryta]
queixar-se (vr)	**att klaga**	[at 'klʲaga]
querer (desejar)	**att vilja**	[at 'vilja]
recomendar (vt)	**att rekommendera**	[at rekɔmən'dera]
repetir (dizer outra vez)	**att upprepa**	[at 'uprepa]
repreender (vt)	**att skälla**	[at 'ɧɛlʲa]
reservar (~ um quarto)	**att reservera**	[at resɛr'vera]

responder (vt)	att svara	[at 'svara]
rezar, orar (vi)	att be	[at 'be:]
rir (vi)	att skratta	[at 'skrata]

roubar (vt)	att stjäla	[at 'ɧɛːlʲa]
saber (vt)	att veta	[at 'veta]
sair (~ de casa)	att gå ut	[at 'goː ʉt]
salvar (vt)	att rädda	[at 'rɛda]
seguir ...	att följa efter ...	[at 'følja 'ɛftər ...]

sentar-se (vr)	att sätta sig	[at 'sæta sɛj]
ser necessário	att vara behövd	[at 'vara beˈhøːvd]
ser, estar	att vara	[at 'vara]
significar (vt)	att betyda	[at beˈtyda]

sorrir (vi)	att småle	[at 'smoːlʲe]
subestimar (vt)	att underskatta	[at 'undəˌʂkata]
surpreender-se (vr)	att bli förvånad	[at bli førˈvoːnad]
tentar (vt)	att pröva	[at 'prøːva]

ter (vt)	att ha	[at 'ha]
ter fome	att vara hungrig	[at 'vara 'huŋrig]
ter medo	att frukta	[at 'frʉkta]
ter sede	att vara törstig	[at 'vara 'tøːʂtig]

tocar (com as mãos)	att röra	[at 'røːra]
tomar o pequeno-almoço	att äta frukost	[at 'ɛːta 'frʉːkɔst]
trabalhar (vi)	att arbeta	[at 'arˌbeta]
traduzir (vt)	att översätta	[at 'øːvəˌsæta]
unir (vt)	att förena	[at 'førena]

vender (vt)	att sälja	[at 'sɛlja]
ver (vt)	att se	[at 'se:]
virar (ex. ~ à direita)	att svänga	[at 'svɛŋa]
voar (vi)	att flyga	[at 'flʲyga]

TEMPO. CALENDÁRIO

17. Dias da semana

segunda-feira (f)	måndag (en)	['mɔnˌdag]
terça-feira (f)	tisdag (en)	['tisˌdag]
quarta-feira (f)	onsdag (en)	['ʊnsˌdag]
quinta-feira (f)	torsdag (en)	['tʊːʂˌdag]
sexta-feira (f)	fredag (en)	['freˌdag]
sábado (m)	lördag (en)	['lˈøːɖag]
domingo (m)	söndag (en)	['sœnˌdag]
hoje	i dag	[i 'dag]
amanhã	i morgon	[i 'mɔrgɔn]
depois de amanhã	i övermorgon	[i 'øːvəˌmɔrgɔn]
ontem	i går	[i 'goːr]
anteontem	i förrgår	[i 'fœːrˌgoːr]
dia (m)	dag (en)	['dag]
dia (m) de trabalho	arbetsdag (en)	['arbetsˌdag]
feriado (m)	helgdag (en)	['hɛljˌdag]
dia (m) de folga	ledig dag (en)	['lˈedig ˌdag]
fim (m) de semana	helg, veckohelg (en)	[hɛlj], ['vɛkɔˌhɛlj]
o dia todo	hela dagen	['helˈa 'dagən]
no dia seguinte	nästa dag	['nɛsta ˌdag]
há dois dias	för två dagar sedan	[før ˌtvoː 'dagar 'sedan]
na véspera	dagen innan	['dagən 'inan]
diário	daglig	['daglig]
todos os dias	varje dag	['varjə dag]
semana (f)	vecka (en)	['vɛka]
na semana passada	förra veckan	['fœːra 'vɛkan]
na próxima semana	i nästa vecka	[i 'nɛsta 'vɛka]
semanal	vecko-	['vɛkɔ-]
cada semana	varje vecka	['varjə 'vɛka]
duas vezes por semana	två gångar i veckan	[tvoː 'gɔŋar i 'vɛkan]
cada terça-feira	varje tisdag	['varjə ˌtisdag]

18. Horas. Dia e noite

manhã (f)	morgon (en)	['mɔrgɔn]
de manhã	på morgonen	[pɔ 'mɔrgɔnən]
meio-dia (m)	middag (en)	['midˌdag]
à tarde	på eftermiddagen	[pɔ 'ɛftəˌmidagən]
noite (f)	kväll (en)	[kvɛlˈ]
à noite (noitinha)	på kvällen	[pɔ 'kvɛlˈen]

noite (f)	natt (en)	['nat]
à noite	om natten	[ɔm 'natən]
meia-noite (f)	midnatt (en)	['mid,nat]

segundo (m)	sekund (en)	[se'kund]
minuto (m)	minut (en)	[mi'nʉ:t]
hora (f)	timme (en)	['timə]
meia hora (f)	halvtimme (en)	['halʲv,timə]
quarto (m) de hora	kvart (en)	['kvaːt]
quinze minutos	femton minuter	['fɛmtɔn mi'nʉ:tər]
vinte e quatro horas	dygn (ett)	['dʏgn]

nascer (m) do sol	soluppgång (en)	['sʊlʲ ,up'gɔŋ]
amanhecer (m)	gryning (en)	['grynıŋ]
madrugada (f)	tidig morgon (en)	['tidig 'mɔrgɔn]
pôr do sol (m)	solnedgång (en)	['sʊlʲ 'ned,gɔŋ]

de madrugada	tidigt på morgonen	['tidit pɔ 'mɔrgɔnən]
hoje de manhã	i morse	[i 'mɔ:ʂə]
amanhã de manhã	i morgon bitti	[i 'mɔrgɔn 'biti]

hoje à tarde	i eftermiddag	[i 'ɛftə,midag]
à tarde	på eftermiddagen	[pɔ 'ɛftə,midagən]
amanhã à tarde	i morgon eftermiddag	[i 'mɔrgɔn 'ɛftə,midag]

| hoje à noite | i kväll | [i 'kvɛlʲ] |
| amanhã à noite | i morgon kväll | [i 'mɔrgɔn 'kvɛlʲ] |

às três horas em ponto	precis klockan tre	[prɛ'sis 'klʲɔkan tre:]
por volta das quatro	vid fyratiden	[vid 'fyra,tidən]
às doze	vid klockan tolv	[vid 'klʲɔkan 'tɔlʲv]

dentro de vinte minutos	om tjugo minuter	[ɔm 'ɕʉgɔ mi'nʉ:tər]
dentro duma hora	om en timme	[ɔm en 'timə]
a tempo	i tid	[i 'tid]

menos um quarto	kvart i ...	['kva:ʈ i ...]
durante uma hora	inom en timme	['inɔm en 'timə]
a cada quinze minutos	varje kvart	['varjə kva:ʈ]
as vinte e quatro horas	dygnet runt	['dʏngnet ,runt]

19. Meses. Estações

janeiro (m)	januari	['janu,ari]
fevereiro (m)	februari	[fɛbrʉ'ari]
março (m)	mars	['ma:ʂ]
abril (m)	april	[a'prilʲ]
maio (m)	maj	['maj]
junho (m)	juni	['ju:ni]

julho (m)	juli	['ju:li]
agosto (m)	augusti	[au'gusti]
setembro (m)	september	[sɛp'tɛmbər]
outubro (m)	oktober	[ɔk'tʊbər]

novembro (m)	november	[nɔ'vɛmbər]
dezembro (m)	december	[de'sɛmbər]
primavera (f)	vår (en)	['voːr]
na primavera	på våren	[pɔ 'voːrən]
primaveril	vår-	['voːr-]
verão (m)	sommar (en)	['sɔmar]
no verão	på sommaren	[pɔ 'sɔmarən]
de verão	sommar-	['sɔmar-]
outono (m)	höst (en)	['høst]
no outono	på hösten	[pɔ 'høstən]
outonal	höst-	['høst-]
inverno (m)	vinter (en)	['vintər]
no inverno	på vintern	[pɔ 'vintərn]
de inverno	vinter-	['vintər-]
mês (m)	månad (en)	['moːnad]
este mês	den här månaden	[dɛn hæːr 'moːnadən]
no próximo mês	nästa månad	['nɛsta 'moːnad]
no mês passado	förra månaden	['fœːra 'moːnadən]
há um mês	för en månad sedan	['før en 'moːnad 'sedan]
dentro de um mês	om en månad	[ɔm en 'moːnad]
dentro de dois meses	om två månader	[ɔm tvoː 'moːnadər]
todo o mês	en hel månad	[en helʲ 'moːnad]
um mês inteiro	hela månaden	['helʲa 'moːnadən]
mensal	månatlig	[mo'natlig]
mensalmente	månatligen	[mo'natligən]
cada mês	varje månad	['varjə ˌmoːnad]
duas vezes por mês	två gånger i månaden	[tvoː 'gɔŋər i 'moːnadən]
ano (m)	år (ett)	['oːr]
este ano	i år	[i 'oːr]
no próximo ano	nästa år	['nɛsta ˌoːr]
no ano passado	i fjol, förra året	[i 'fjulʲ], ['fœːra 'oːret]
há um ano	för ett år sedan	['før et 'oːr 'sedan]
dentro dum ano	om ett år	[ɔm et 'oːr]
dentro de 2 anos	om två år	[ɔm tvoː 'oːr]
todo o ano	ett helt år	[ɛt helʲt 'oːr]
um ano inteiro	hela året	['helʲa 'oːret]
cada ano	varje år	['varjə 'oːr]
anual	årlig	['oːˌlʲig]
anualmente	årligen	['oːˌlʲigən]
quatro vezes por ano	fyra gånger om året	['fyra 'gɔŋər ɔm 'oːret]
data (~ de hoje)	datum (ett)	['datum]
data (ex. ~ de nascimento)	datum (ett)	['datum]
calendário (m)	almanacka (en)	['alʲmanaka]
meio ano	halvår (ett)	['halʲvˌoːr]
seis meses	halvår (ett)	['halʲvˌoːr]

estação (f)	**årstid (en)**	['oːʂˌtid]
século (m)	**sekel (ett)**	['sekəlʲ]

VIAGENS. HOTEL

20. Viagens

turismo (m)	turism (en)	[tu'rism]
turista (m)	turist (en)	[tu'rist]
viagem (f)	resa (en)	['resa]
aventura (f)	äventyr (ett)	['ɛːvɛnˌtyr]
viagem (f)	tripp (en)	['trip]
férias (f pl)	semester (en)	[se'mɛstər]
estar de férias	att ha semester	[at ha se'mɛstər]
descanso (m)	uppehåll (ett), vila (en)	['upə'hoːlʲ], ['vilʲa]
comboio (m)	tåg (ett)	['toːg]
de comboio (chegar ~)	med tåg	[me 'toːg]
avião (m)	flygplan (ett)	['flʲygplʲan]
de avião	med flygplan	[me 'flʲygplʲan]
de carro	med bil	[me 'bilʲ]
de navio	med båt	[me 'boːt]
bagagem (f)	bagage (ett)	[ba'gaːʃ]
mala (f)	resväska (en)	['rɛsˌvɛska]
carrinho (m)	bagagevagn (en)	[ba'gaːʃ ˌvagn]
passaporte (m)	pass (ett)	['pas]
visto (m)	visum (ett)	['viːsum]
bilhete (m)	biljett (en)	[bi'lʲet]
bilhete (m) de avião	flygbiljett (en)	['flʲyg biˌlʲet]
guia (m) de viagem	reseguidebok (en)	['reseˌgajdbʊk]
mapa (m)	karta (en)	['kaːʈa]
local (m), area (f)	område (ett)	['ɔmˌroːdə]
lugar, sítio (m)	plats (en)	['plʲats]
exotismo (m)	(det) exotiska	[ɛ'ksɔtiska]
exótico	exotisk	[ɛk'sɔtisk]
surpreendente	förunderlig	[fø'rundelig]
grupo (m)	grupp (en)	['grup]
excursão (f)	utflykt (en)	['ʉtˌflʲykt]
guia (m)	guide (en)	['gajd]

21. Hotel

hotel (m)	hotell (ett)	[hʊ'tɛlʲ]
motel (m)	motell (ett)	[mʊ'tɛlʲ]
três estrelas	trestjärnigt	['treˌɧæːɳit]

cinco estrelas	femstjärnigt	[fɛm̩ˌɧæːɳit]
ficar (~ num hotel)	att bo	[at 'buː]
quarto (m)	rum (ett)	['ruːm]
quarto (m) individual	enkelrum (ett)	['ɛŋkəlʲˌruːm]
quarto (m) duplo	dubbelrum (ett)	['dubəlʲˌruːm]
reservar um quarto	att boka rum	[at 'buka 'ruːm]
meia pensão (f)	halvpension (en)	['halʲvˌpanˈɧun]
pensão (f) completa	helpension (en)	['helʲˌpanˈɧun]
com banheira	med badkar	[me 'badˌkar]
com duche	med dusch	[me 'duʃ]
televisão (m) satélite	satellit-TV (en)	[satɛˈliːt 'teve]
ar (m) condicionado	luftkonditionerare (en)	['luftˌkɔndiɧuˈnerarə]
toalha (f)	handduk (en)	['handˌdʉːk]
chave (f)	nyckel (en)	['nʏkəlʲ]
administrador (m)	administratör (en)	[administraˈtør]
camareira (f)	städerska (en)	['stɛːdɛʂka]
bagageiro (m)	bärare (en)	['bæːrarə]
porteiro (m)	portier (en)	[pɔːˈʈʲeː]
restaurante (m)	restaurang (en)	[rɛstoˈraŋ]
bar (m)	bar (en)	['bar]
pequeno-almoço (m)	frukost (en)	['frʉːkɔst]
jantar (m)	kvällsmat (en)	['kvɛlʲsˌmat]
buffet (m)	buffet (en)	[buˈfet]
hall (m) de entrada	lobby (en)	['lʲɔbi]
elevador (m)	hiss (en)	['his]
NÃO PERTURBE	STÖR EJ!	['støːr ɛj]
PROIBIDO FUMAR!	RÖKNING FÖRBJUDEN	['rœknin førˈbjʉːdən]

22. Turismo

monumento (m)	monument (ett)	[mɔnuˈmɛnt]
fortaleza (f)	fästning (en)	['fɛstnin]
palácio (m)	palats (ett)	[paˈlʲats]
castelo (m)	borg (en)	['bɔrj]
torre (f)	torn (ett)	['tʉːɳ]
mausoléu (m)	mausoleum (ett)	[mausuˈlʲeum]
arquitetura (f)	arkitektur (en)	[arkitɛkˈtʉːr]
medieval	medeltida	['medəlʲˌtida]
antigo	gammal	['gamalʲ]
nacional	nationell	[natɧuˈnɛlʲ]
conhecido	berömd	[beˈrœmd]
turista (m)	turist (en)	[tuˈrist]
guia (pessoa)	guide (en)	['gajd]
excursão (f)	utflykt (en)	['ʉtˌflʲykt]
mostrar (vt)	att visa	[at 'visa]

contar (vt)	**att berätta**	[at be'ræta]
encontrar (vt)	**att hitta**	[at 'hita]
perder-se (vr)	**att gå vilse**	[at 'goː 'vilˈsə]
mapa (~ do metrô)	**karta (en)**	['kaːʈa]
mapa (~ da cidade)	**karta (en)**	['kaːʈa]
lembrança (f), presente (m)	**souvenir (en)**	[suvɛ'niːr]
loja (f) de presentes	**souvenirbutik (en)**	[suvɛ'niːr bu'tik]
fotografar (vt)	**att fotografera**	[at fʊtʊgra'fera]
fotografar-se	**att bli fotograferad**	[at bli fʊtʊgra'ferad]

TRANSPORTES

23. Aeroporto

aeroporto (m)	flygplats (en)	['flʲyg,plʲats]
avião (m)	flygplan (ett)	['flʲygplʲan]
companhia (f) aérea	flygbolag (ett)	['flʲyg,bulʲag]
controlador (m) de tráfego aéreo	flygledare (en)	['flʲyg,lʲedarə]

partida (f)	avgång (en)	['av,gɔŋ]
chegada (f)	ankomst (en)	['aŋ,kɔmst]
chegar (~ de avião)	att ankomma	[at 'aŋ,kɔma]

hora (f) de partida	avgångstid (en)	['avgɔŋs,tid]
hora (f) de chegada	ankomsttid (en)	['aŋkɔmst,tid]

estar atrasado	att bli försenad	[at bli fœ:'sɛnad]
atraso (m) de voo	avgångsförsening (en)	['avgɔŋs,fœ:'sɛniŋ]

painel (m) de informação	informationstavla (en)	[informa'ʄʊns,tavlʲa]
informação (f)	information (en)	[informa'ʄʊn]
anunciar (vt)	att meddela	[at 'me,delʲa]
voo (m)	flyg (ett)	['flʲyg]

alfândega (f)	tull (en)	['tulʲ]
funcionário (m) da alfândega	tulltjänsteman (en)	['tulʲ 'ɕɛnstə,man]

declaração (f) alfandegária	tulldeklaration (en)	['tulʲ,dɛklʲara'ʄʊn]
preencher (vt)	att fylla i	[at 'fylʲa 'i]
preencher a declaração	att fylla i en tulldeklaration	[at 'fylʲa i en 'tulʲ,dɛklʲara'ʄʊn]
controlo (m) de passaportes	passkontroll (en)	['paskɔn,trolʲ]

bagagem (f)	bagage (ett)	[ba'ga:ʃ]
bagagem (f) de mão	handbagage (ett)	['hand ba,ga:ʃ]
carrinho (m)	bagagevagn (en)	[ba'ga:ʃ ,vagn]

aterragem (f)	landning (en)	['lʲandniŋ]
pista (f) de aterragem	landningsbana (en)	['lʲandniŋs,bana]
aterrar (vi)	att landa	[at 'lʲanda]
escada (f) de avião	trappa (en)	['trapa]

check-in (m)	incheckning (en)	['in,ɕɛkniŋ]
balcão (m) do check-in	incheckningsdisk (en)	['in,ɕɛkniŋs 'disk]
fazer o check-in	att checka in	[at 'ɕɛka in]
cartão (m) de embarque	boardingkort (ett)	['bɔ:diŋ,kɔ:t]
porta (f) de embarque	gate (en)	['gejt]

trânsito (m)	transit (en)	['transit]
esperar (vi, vt)	att vänta	[at 'vɛnta]

sala (f) de espera	väntsal (en)	['vɛntˌsalʲ]
despedir-se de ...	att vinka av	[at 'viŋka av]
despedir-se (vr)	att säga adjö	[at 'sɛ:ja a'jø:]

24. Avião

avião (m)	flygplan (ett)	['flʲygplʲan]
bilhete (m) de avião	flygbiljett (en)	['flʲyg biˌlʲet]
companhia (f) aérea	flygbolag (ett)	['flʲygˌbulʲag]
aeroporto (m)	flygplats (en)	['flʲygˌplʲats]
supersónico	överljuds-	['ø:vərˌjɵ:ds-]

comandante (m) do avião	kapten (en)	[kap'ten]
tripulação (f)	besättning (en)	[be'sætniŋ]
piloto (m)	pilot (en)	[pi'lʲut]
hospedeira (f) de bordo	flygvärdinna (en)	['flʲygˌvæ:dina]
copiloto (m)	styrman (en)	['styrˌman]

asas (f pl)	vingar (pl)	['viŋar]
cauda (f)	stjärtfena (en)	['ɧæ:ʈ fe:na]
cabine (f) de pilotagem	cockpit, förarkabin (en)	['kɔkpit], ['fø:rarˌka'bin]
motor (m)	motor (en)	['mutʊr]

| trem (m) de aterragem | landningsställ (ett) | ['landniŋsˌstɛlʲ] |
| turbina (f) | turbin (en) | [tur'bin] |

| hélice (f) | propeller (en) | [prʊ'pɛlʲər] |
| caixa-preta (f) | svart låda (en) | ['sva:ʈ 'lʲo:da] |

| coluna (f) de controlo | styrspak (ett) | ['styˌ‚spak] |
| combustível (m) | bränsle (ett) | ['brɛnslʲe] |

instruções (f pl) de segurança	säkerhetsinstruktion (en)	['sɛ:kərhets instruk'ɧun]
máscara (f) de oxigénio	syremask (en)	['syreˌmask]
uniforme (m)	uniform (en)	[uni'fɔrm]

| colete (m) salva-vidas | räddningsväst (en) | ['rɛdniŋˌvɛst] |
| paraquedas (m) | fallskärm (en) | ['falʲˌɧæ:rm] |

descolagem (f)	start (en)	['sta:ʈ]
descolar (vi)	att lyfta	[at 'lʲyfta]
pista (f) de descolagem	startbana (en)	['sta:ʈˌba:na]

| visibilidade (f) | siktbarhet (en) | ['siktbarˌhet] |
| voo (m) | flygning (en) | ['flʲygniŋ] |

| altura (f) | höjd (en) | ['hœjd] |
| poço (m) de ar | luftgrop (en) | ['lʊftˌgrʊp] |

assento (m)	plats (en)	['plʲats]
auscultadores (m pl)	hörlurar (pl)	['hœ:ˌlʲɵ:rar]
mesa (f) rebatível	utfällbart bord (ett)	['ʉtfɛlʲˌbart 'bu:d]
vigia (f)	fönster (ett)	['fœnstər]
passagem (f)	mittgång (en)	['mitˌgɔŋ]

25. Comboio

comboio (m)	tåg (ett)	['to:g]
comboio (m) suburbano	lokaltåg, pendeltåg (ett)	[lʲo'kalʲˌto:g], ['pendəlˌto:g],
comboio (m) rápido	expresståg (ett)	[ɛks'prɛsˌto:g]
locomotiva (f) diesel	diesellokomotiv (ett)	['disəlʲ lʲokɔmɔ'tiv]
locomotiva (f) a vapor	ånglokomotiv (en)	['ɔŋˌlʲokɔmɔ'tiv]
carruagem (f)	vagn (en)	['vagn]
carruagem restaurante (f)	restaurangvagn (en)	[rɛstɔ'raŋˌvagn]
carris (m pl)	räls, rälsar (pl)	['rɛlʲs], ['rɛlʲsar]
caminho de ferro (m)	järnväg (en)	['jæ:ɳˌvɛ:g]
travessa (f)	sliper (en)	['slipər]
plataforma (f)	perrong (en)	[pɛ'rɔŋ]
linha (f)	spår (ett)	['spo:r]
semáforo (m)	semafor (en)	[sema'fɔr]
estação (f)	station (en)	[sta'ɧʊn]
maquinista (m)	lokförare (en)	['lʲʊkˌfø:rarə]
bagageiro (m)	bärare (en)	['bæ:rarə]
hospedeiro, -a (da carruagem)	tågvärd (en)	['to:gˌvæ:ɖ]
passageiro (m)	passagerare (en)	[pasa'ɧerarə]
revisor (m)	kontrollant (en)	[kɔntrɔ'lʲant]
corredor (m)	korridor (en)	[kɔri'dɔ:r]
freio (m) de emergência	nödbroms (en)	['nø:dˌbrɔms]
compartimento (m)	kupé (en)	[kʉ'pe:]
cama (f)	slaf, säng (en)	['slaf], ['sɛŋ]
cama (f) de cima	överslaf (en)	['øvəˌslaf]
cama (f) de baixo	underslaf (en)	['undəˌslaf]
roupa (f) de cama	sängkläder (pl)	['sɛŋˌklʲɛ:dər]
bilhete (m)	biljett (en)	[bi'lʲet]
horário (m)	tidtabell (en)	['tid ta'bɛlʲ]
painel (m) de informação	informationstavla (en)	[infɔrma'ɧʊnsˌtavlʲa]
partir (vt)	att avgå	[at 'avˌgo:]
partida (f)	avgång (en)	['avˌgɔŋ]
chegar (vi)	att ankomma	[at 'aŋˌkɔma]
chegada (f)	ankomst (en)	['aŋˌkɔmst]
chegar de comboio	att ankomma med tåget	[at 'aŋˌkɔma me 'to:gət]
apanhar o comboio	att stiga på tåget	[at 'stiga pɔ 'to:gət]
sair do comboio	att stiga av tåget	[at 'stiga av 'to:gət]
acidente (m) ferroviário	tågolycka (en)	['to:g ʊ:'lʲyka]
descarrilar (vi)	att spåra ur	[at 'spo:ra ʉ:r]
locomotiva (f) a vapor	ånglokomotiv (en)	['ɔŋˌlʲokɔmɔ'tiv]
fogueiro (m)	eldare (en)	['ɛlʲdarə]
fornalha (f)	eldstad (en)	['ɛlʲdˌstad]
carvão (m)	kol (ett)	['kɔlʲ]

26. Barco

| navio (m) | skepp (ett) | ['ɧɛp] |
| embarcação (f) | fartyg (ett) | ['faː,tyg] |

vapor (m)	ångbåt (en)	['ɔŋ,boːt]
navio (m)	flodbåt (en)	['flʲʊd,boːt]
transatlântico (m)	kryssningfartyg (ett)	['krysniŋ,faː'tyg]
cruzador (m)	kryssare (en)	['krʏsarə]

iate (m)	jakt (en)	['jakt]
rebocador (m)	bogserbåt (en)	['bʊksɛːr,boːt]
barcaça (f)	pråm (en)	['proːm]
ferry (m)	färja (en)	['fæːrja]

| veleiro (m) | segelbåt (en) | ['segəlʲ,boːt] |
| bergantim (m) | brigantin (en) | [brigan'tin] |

| quebra-gelo (m) | isbrytare (en) | ['is,brytarə] |
| submarino (m) | ubåt (en) | [ʉ:'boːt] |

bote, barco (m)	båt (en)	['boːt]
bote, dingue (m)	jolle (en)	['jɔlʲe]
bote (m) salva-vidas	livbåt (en)	['liv,boːt]
lancha (f)	motorbåt (en)	['mʊtʉr,boːt]

capitão (m)	kapten (en)	[kap'ten]
marinheiro (m)	matros (en)	[ma'trʊs]
marujo (m)	sjöman (en)	['ɧøː,man]
tripulação (f)	besättning (en)	[be'sætniŋ]

contramestre (m)	båtsman (en)	['bɔtsman]
grumete (m)	jungman (en)	['jʉŋ,man]
cozinheiro (m) de bordo	kock (en)	['kɔk]
médico (m) de bordo	skeppsläkare (en)	['ɧɛp,lʲɛːkarə]

convés (m)	däck (ett)	['dɛk]
mastro (m)	mast (en)	['mast]
vela (f)	segel (ett)	['segəlʲ]

porão (m)	lastrum (ett)	['lʲast,ruːm]
proa (f)	bog (en)	['bʊg]
popa (f)	akter (en)	['aktər]
remo (m)	åra (en)	['oːra]
hélice (f)	propeller (en)	[prʊ'pɛlʲər]

camarote (m)	hytt (en)	['hʏt]
sala (f) dos oficiais	officersmäss (en)	[ɔfi'seːrs,mɛs]
sala (f) das máquinas	maskinrum (ett)	[ma'ɧiːn,ruːm]
ponte (m) de comando	kommandobrygga (en)	[kɔm'andʉ,brʏga]
sala (f) de comunicações	radiohytt (en)	['radiʉ,hʏt]
onda (f) de rádio	våg (en)	['voːg]
diário (m) de bordo	loggbok (en)	['lʲɔg,bʊk]
luneta (f)	tubkikare (en)	['tʉb,ɕikarə]
sino (m)	klocka (en)	['klʲɔka]

bandeira (f)	flagga (en)	['flˈaga]
cabo (m)	tross (en)	['trɔs]
nó (m)	knop, knut (en)	['knʊp], ['knʉt]
corrimão (m)	räcken (pl)	['rɛkən]
prancha (f) de embarque	landgång (en)	['lˈandˌgɔŋ]
âncora (f)	ankar (ett)	['aŋkar]
recolher a âncora	att lätta ankar	[at 'lˈæta 'aŋkar]
lançar a âncora	att kasta ankar	[at 'kasta 'aŋkar]
amarra (f)	ankarkätting (en)	['aŋkarˌɕætiŋ]
porto (m)	hamn (en)	['hamn]
cais, amarradouro (m)	kaj (en)	['kaj]
atracar (vi)	att förtöja	[at fœ:'ʈœ:ja]
desatracar (vi)	att kasta loss	[at 'kasta 'lˈɔs]
viagem (f)	resa (en)	['resa]
cruzeiro (m)	kryssning (en)	['krʏsniŋ]
rumo (m), rota (f)	kurs (en)	['ku:ʂ]
itinerário (m)	rutt (en)	['rut]
canal (m) navegável	farled, segelled (en)	['fa:ɭed], ['segəlˌled]
banco (m) de areia	grund (ett)	['grund]
encalhar (vt)	att gå på grund	[at 'go: pɔ 'grund]
tempestade (f)	storm (en)	['stɔrm]
sinal (m)	signal (en)	[sig'nalˈ]
afundar-se (vr)	att sjunka	[at 'ɧuŋka]
Homem ao mar!	Man överbord!	['man 'ø:vəˌbu:d]
SOS	SOS	[ɛso'ɛs]
boia (f) salva-vidas	livboj (en)	['livˌbɔj]

CIDADE

27. Transportes urbanos

autocarro (m)	buss (en)	['bus]
elétrico (m)	spårvagn (en)	['spo:r‚vagn]
troleicarro (m)	trådbuss (en)	['tro:d‚bus]
itinerário (m)	rutt (en)	['rut]
número (m)	nummer (ett)	['numər]
ir de ... (carro, etc.)	att åka med ...	[at 'o:ka me ...]
entrar (~ no autocarro)	att stiga på ...	[at 'stiga pɔ ...]
descer de ...	att stiga av ...	[at 'stiga 'av ...]
paragem (f)	hållplats (en)	['ho:lʲ‚plats]
próxima paragem (f)	nästa hållplats (en)	['nɛsta 'hɔ:lʲ‚plats]
ponto (m) final	slutstation (en)	['slʉt‚sta'ɧun]
horário (m)	tidtabell (en)	['tid ta'bɛlʲ]
esperar (vt)	att vänta	[at 'vɛnta]
bilhete (m)	biljett (en)	[bi'lʲet]
custo (m) do bilhete	biljettpris (ett)	[bi'lʲet‚pris]
bilheteiro (m)	kassör (en)	[ka'sø:r]
controlo (m) dos bilhetes	biljettkontroll (en)	[bi'lʲet kɔn'trolʲ]
revisor (m)	kontrollant (en)	[kɔntrɔ'lʲant]
atrasar-se (vr)	att komma för sent	[at 'kɔma før 'sɛnt]
perder (o autocarro, etc.)	att komma för sent till ...	[at 'kɔma før 'sɛnt tilʲ ...]
estar com pressa	att skynda sig	[at 'ɧynda sɛj]
táxi (m)	taxi (en)	['taksi]
taxista (m)	taxichaufför (en)	['taksi ɧɔ'fø:r]
de táxi (ir ~)	med taxi	[me 'taksi]
praça (f) de táxis	taxihållplats (en)	['taksi 'ho:lʲ‚plʲats]
chamar um táxi	att ringa efter taxi	[at 'riŋa ‚ɛftə 'taksi]
apanhar um táxi	att ta en taxi	[at ta en 'taksi]
tráfego (m)	trafik (en)	[tra'fik]
engarrafamento (m)	trafikstopp (ett)	[tra'fik‚stɔp]
horas (f pl) de ponta	rusningstid (en)	['rusniŋs‚tid]
estacionar (vi)	att parkera	[at par'kera]
estacionar (vt)	att parkera	[at par'kera]
parque (m) de estacionamento	parkeringsplats (en)	[par'keriŋs‚plʲats]
metro (m)	tunnelbana (en)	['tunəlʲ‚bana]
estação (f)	station (en)	[sta'ɧun]
ir de metro	att ta tunnelbanan	[at ta 'tunəlʲ‚banan]
comboio (m)	tåg (ett)	['to:g]
estação (f)	tågstation (en)	['to:g‚sta'ɧun]

28. Cidade. Vida na cidade

cidade (f)	stad (en)	['stad]
capital (f)	huvudstad (en)	['hʉːvʉdˌstad]
aldeia (f)	by (en)	['by]
mapa (m) da cidade	stadskarta (en)	['stadsˌkaːʈa]
centro (m) da cidade	centrum (ett)	['sɛntrum]
subúrbio (m)	förort (en)	['førˌʊːʈ]
suburbano	förorts-	['førˌʊːʈs-]
periferia (f)	utkant (en)	['ʉtˌkant]
arredores (m pl)	omgivningar (pl)	['ɔmjiːvniŋar]
quarteirão (m)	kvarter (ett)	[kvaːˈʈər]
quarteirão (m) residencial	bostadskvarter (ett)	['bʊstadsˌkvaːˈʈər]
tráfego (m)	trafik (en)	[traˈfik]
semáforo (m)	trafikljus (ett)	[traˈfikˌjʉːs]
transporte (m) público	offentlig transport (en)	[ɔˈfɛntli transˈpɔːʈ]
cruzamento (m)	korsning (en)	['kɔːʂniŋ]
passadeira (f)	övergångsställe (ett)	['øːvərgɔŋsˌstɛlʲe]
passagem (f) subterrânea	gångtunnel (en)	['gɔŋˌtunəlʲ]
cruzar, atravessar (vt)	att gå över	[at 'goː 'øːvər]
peão (m)	fotgängare (en)	['fʊtjenarə]
passeio (m)	trottoar (en)	[trɔtʊˈar]
ponte (f)	bro (en)	['brʊ]
margem (f) do rio	kaj (en)	['kaj]
fonte (f)	fontän (en)	[fɔnˈtɛn]
alameda (f)	allé (en)	[aˈlʲeː]
parque (m)	park (en)	['park]
bulevar (m)	boulevard (en)	[bʊlʲeˈvaːd]
praça (f)	torg (ett)	['tɔrj]
avenida (f)	aveny (en)	[aveˈny]
rua (f)	gata (en)	['gata]
travessa (f)	sidogata (en)	['sidʊˌgata]
beco (m) sem saída	återvändsgränd (en)	['oːtərvɛnsˌgrɛnd]
casa (f)	hus (ett)	['hʉs]
edifício, prédio (m)	byggnad (en)	['bʏgnad]
arranha-céus (m)	skyskrapa (en)	['ɧyˌskrapa]
fachada (f)	fasad (en)	[faˈsad]
telhado (m)	tak (ett)	['tak]
janela (f)	fönster (ett)	['fœnstər]
arco (m)	båge (en)	['boːgə]
coluna (f)	kolonn (en)	[kʊˈlʲɔn]
esquina (f)	knut (en)	['knʉt]
montra (f)	skyltfönster (ett)	['ɧylʲtˌfœnstər]
letreiro (m)	skylt (en)	['ɧylʲt]
cartaz (m)	affisch (en)	[aˈfiːʃ]
cartaz (m) publicitário	reklamplakat (ett)	[rɛ'klʲamˌplʲaˈkat]

painel (m) publicitário	reklamskylt (en)	[rɛ'klʲamˌɧylʲt]
lixo (m)	sopor, avfall (ett)	['sʊpʊr], ['avfalʲ]
cesta (f) do lixo	soptunna (en)	['sʊpˌtuna]
jogar lixo na rua	att skräpa ner	[at 'skrɛːpa ner]
aterro (m) sanitário	soptipp (en)	['sʊpˌtip]

cabine (f) telefónica	telefonkiosk (en)	[telʲe'fɔnˌɕøsk]
candeeiro (m) de rua	lyktstolpe (en)	['lʲykˌstɔlʲpe]
banco (m)	bänk (ett)	['bɛŋk]

polícia (m)	polis (en)	[pʊ'lis]
polícia (instituição)	polis (en)	[pʊ'lis]
mendigo (m)	tiggare (en)	['tigarə]
sem-abrigo (m)	hemlös (ett)	['hɛmlʲøːs]

29. Instituições urbanas

loja (f)	affär, butik (en)	[a'fæːr], [bu'tik]
farmácia (f)	apotek (ett)	[apʊ'tek]
ótica (f)	optiker (en)	['ɔptikər]
centro (m) comercial	köpcenter (ett)	['ɕøːpˌsɛntɛr]
supermercado (m)	snabbköp (ett)	['snabˌɕøːp]

padaria (f)	bageri (ett)	[bage'riː]
padeiro (m)	bagare (en)	['bagarə]
pastelaria (f)	konditori (ett)	[kɔnditʊ'riː]
mercearia (f)	speceriaffär (en)	[spese'ri a'fæːr]
talho (m)	slaktare butik (en)	['slʲaktarə bu'tik]

| loja (f) de legumes | grönsakshandel (en) | ['grøːnsaksˌhandəlʲ] |
| mercado (m) | marknad (en) | ['marknad] |

café (m)	kafé (ett)	[ka'feː]
restaurante (m)	restaurang (en)	[rɛstɔ'raŋ]
bar (m), cervejaria (f)	pub (en)	['pub]
pizzaria (f)	pizzeria (en)	[pitse'ria]

salão (m) de cabeleireiro	frisersalong (en)	['frisər ʂaˌlʲɔŋ]
correios (m pl)	post (en)	['pɔst]
lavandaria (f)	kemtvätt (en)	['ɕemtvæt]
estúdio (m) fotográfico	fotoateljé (en)	['fʊtu atəˌljeː]

sapataria (f)	skoaffär (en)	['skʊːaˌfæːr]
livraria (f)	bokhandel (en)	['bʊkˌhandəlʲ]
loja (f) de artigos de desporto	sportaffär (en)	['spɔːʈ a'fæːr]

reparação (f) de roupa	klädreparationer (en)	['klʲɛd 'reparaˌɧʊnər]
aluguer (m) de roupa	kläduthyrning (en)	['klʲɛd ʉ'tyːˌɳiŋ]
aluguer (m) de filmes	filmuthyrning (en)	['filʲm ʉ'tyːˌɳiŋ]

circo (m)	cirkus (en)	['sirkʉs]
jardim (m) zoológico	zoo (ett)	['sʊː]
cinema (m)	biograf (en)	[biʊ'graf]
museu (m)	museum (ett)	[mʉ'seum]

biblioteca (f)	**bibliotek (ett)**	[bibliʊ'tek]
teatro (m)	**teater (en)**	[te'atər]
ópera (f)	**opera (en)**	['ʊpera]
clube (m) noturno	**nattklubb (en)**	['nat‚klʊb]
casino (m)	**kasino (ett)**	[ka'sinʊ]
mesquita (f)	**moské (en)**	[mʊs'ke:]
sinagoga (f)	**synagoga (en)**	['syna‚gɔga]
catedral (f)	**katedral (en)**	[katɛ'dralʲ]
templo (m)	**tempel (ett)**	['tɛmpəlʲ]
igreja (f)	**kyrka (en)**	['ɕyrka]
instituto (m)	**institut (ett)**	[insti'tʉt]
universidade (f)	**universitet (ett)**	[univɛşi'tet]
escola (f)	**skola (en)**	['skʊlʲa]
prefeitura (f)	**prefektur (en)**	[prefɛk'tʉ:r]
câmara (f) municipal	**rådhus (en)**	['rɔd‚hʉs]
hotel (m)	**hotell (ett)**	[hʊ'tɛlʲ]
banco (m)	**bank (en)**	['baŋk]
embaixada (f)	**ambassad (en)**	[amba'sad]
agência (f) de viagens	**resebyrå (en)**	['reseby‚rɔ:]
agência (f) de informações	**informationsbyrå (en)**	[informa'ɧʊns by‚rɔ:]
casa (f) de câmbio	**växelkontor (ett)**	['vɛksəlʲ kɔn'tʊr]
metro (m)	**tunnelbana (en)**	['tunəlʲ‚bana]
hospital (m)	**sjukhus (ett)**	['ɧʉ:k‚hʉs]
posto (m) de gasolina	**bensinstation (en)**	[bɛn'sin‚sta'ɧʊn]
parque (m) de estacionamento	**parkeringsplats (en)**	[par'keriŋs‚plʲats]

30. Sinais

letreiro (m)	**skylt (en)**	['ɧylʲt]
inscrição (f)	**inskrift (en)**	['in‚skrift]
cartaz, póster (m)	**poster, löpsedel (en)**	['pɔstər], ['løp‚sedəlʲ]
sinal (m) informativo	**vägvisare (en)**	['vɛ:g‚visarə]
seta (f)	**pil (en)**	['pilʲ]
aviso (advertência)	**varning (en)**	['va:ɳiŋ]
sinal (m) de aviso	**varningsskylt (en)**	['va:ɳiŋs ‚ɧylʲt]
avisar, advertir (vt)	**att varna**	[at 'va:ɳa]
dia (m) de folga	**fridag (en)**	['fri‚dag]
horário (m)	**tidtabell (en)**	['tid ta'bɛlʲ]
horário (m) de funcionamento	**öppettider (pl)**	['øpet‚ti:dər]
BEM-VINDOS!	**VÄLKOMMEN!**	['vɛlʲ‚kɔmən]
ENTRADA	**INGÅNG**	['in‚gɔŋ]
SAÍDA	**UTGÅNG**	['ʉt‚gɔŋ]
EMPURRE	**TRYCK**	['trγk]
PUXE	**DRAG**	['drag]

| ABERTO | ÖPPET | ['øpet] |
| FECHADO | STÄNGT | ['stɛŋt] |

| MULHER | DAMER | ['damər] |
| HOMEM | HERRAR | ['hɛ'rar] |

DESCONTOS	RABATT	[ra'bat]
SALDOS	REA	['rea]
NOVIDADE!	NYHET!	['nyhet]
GRÁTIS	GRATIS	['gratis]

ATENÇÃO!	OBS!	['ɔbs]
NÃO HÁ VAGAS	FUIIBOKAT	['fulˌbʊkat]
RESERVADO	RESERVERAT	[resɛr'verat]

ADMINISTRAÇÃO	ADMINISTRATION	[administra'ɧʊn]
SOMENTE PESSOAL	ENDAST PERSONAL	['ɛndast pɛʂʊ'nalʲ]
AUTORIZADO		

CUIDADO CÃO FEROZ	VARNING FÖR HUNDEN	['va:ɳiŋ før 'hundən]
PROIBIDO FUMAR!	RÖKNING FÖRBJUDEN	['rœkniŋ før'bjʉ:dən]
NÃO TOCAR	FÅR EJ VIDRÖRAS!	['fo:r ej 'vidrø:ras]

PERIGOSO	FARLIG	['fa:lʲig]
PERIGO	FARA	['fara]
ALTA TENSÃO	HÖGSPÄNNING	['hø:gˌspɛniŋ]
PROIBIDO NADAR	BADNING FÖRBJUDEN	['badniŋ før'bjʉ:dən]
AVARIADO	UR FUNKTION	['ʉr fuŋk'ɧʊn]

INFLAMÁVEL	BRANDFARLIG	['brandˌfa:lʲig]
PROIBIDO	FÖRBJUD	[før'bjʉ:d]
ENTRADA PROIBIDA	TIIITRÄDE FÖRBJUDET	['tilʲtrɛ:də før'bjʉ:dət]
CUIDADO TINTA FRESCA	NYMÅLAT	['nyˌmo:lʲat]

31. Compras

comprar (vt)	att köpa	[at 'ɕø:pa]
compra (f)	inköp (ett)	['inˌɕø:p]
fazer compras	att shoppa	[at 'ʃopa]
compras (f pl)	shopping (en)	['ʃopiŋ]

| estar aberta (loja, etc.) | att vara öppen | [at 'vara 'øpən] |
| estar fechada | att vara stängd | [at 'vara stɛŋd] |

calçado (m)	skodon (pl)	['skʊdʊn]
roupa (f)	kläder (pl)	['klʲɛ:dər]
cosméticos (m pl)	kosmetika (en)	[kɔs'mɛtika]
alimentos (m pl)	matvaror (pl)	['matˌvarʊr]
presente (m)	gåva, present (en)	['go:va], [pre'sɛnt]

vendedor (m)	försäljare (en)	[fœ:'ʂɛljarə]
vendedora (f)	försäljare (en)	[fœ:'ʂɛljarə]
caixa (f)	kassa (en)	['kasa]
espelho (m)	spegel (en)	['spegəlʲ]

balcão (m)	disk (en)	['disk]
cabine (f) de provas	provrum (ett)	['prʊvˌruːm]
provar (vt)	att prova	[at 'prʊva]
servir (vi)	att passa	[at 'pasa]
gostar (apreciar)	att gilla	[at 'jilˈa]
preço (m)	pris (ett)	['pris]
etiqueta (f) de preço	prislapp (en)	['prisˌlⁱap]
custar (vt)	att kosta	[at 'kɔsta]
Quanto?	Hur mycket?	[hʉr 'mʏkə]
desconto (m)	rabatt (en)	[ra'bat]
não caro	billig	['bilig]
barato	billig	['bilig]
caro	dyr	['dyr]
É caro	Det är dyrt	[dɛ æːr 'dyːt]
aluguer (m)	uthyrning (en)	['ʉtˌhyŋiŋ]
alugar (vestidos, etc.)	att hyra	[at 'hyra]
crédito (m)	kredit (en)	[kre'dit]
a crédito	på kredit	[pɔ kre'dit]

VESTUÁRIO & ACESSÓRIOS

32. Roupa exterior. Casacos

roupa (f)	kläder (pl)	['klɛ:dər]
roupa (f) exterior	ytterkläder	['ytə‚klɛ:dər]
roupa (f) de inverno	vinterkläder (pl)	['vintə‚klɛ:dər]
sobretudo (m)	rock, kappa (en)	['rɔk], ['kapa]
casaco (m) de peles	päls (en)	['pɛlˢs]
casaco curto (m) de peles	pälsjacka (en)	['pɛlˢs‚jaka]
casaco (m) acolchoado	dunjacka (en)	['duːn‚jaka]
casaco, blusão (m)	jacka (en)	['jaka]
impermeável (m)	regnrock (en)	['rɛgn‚rɔk]
impermeável	vattentät	['vatən‚tɛt]

33. Vestuário de homem & mulher

camisa (f)	skjorta (en)	['ʃuːʈa]
calças (f pl)	byxor (pl)	['byksʊr]
calças (f pl) de ganga	jeans (en)	['jins]
casaco (m) de fato	kavaj (en)	[ka'vaj]
fato (m)	kostym (en)	[kɔs'tym]
vestido (ex. ~ vermelho)	klänning (en)	['klɛniŋ]
saia (f)	kjol (en)	['çøːlʲ]
blusa (f)	blus (en)	['bluːs]
casaco (m) de malha	stickad tröja (en)	['stikad 'trøja]
casaco, blazer (m)	dräktjacka, kavaj (en)	['drɛkt 'jaka], ['kavaj]
T-shirt, camiseta (f)	T-shirt (en)	['tiː‚ʃɔːt]
calções (Bermudas, etc.)	shorts (en)	['ʃɔːts]
fato (m) de treino	träningsoverall (en)	['trɛ:niŋs ɔve'rɔːlʲ]
roupão (m) de banho	morgonrock (en)	['mɔrgɔn‚rɔk]
pijama (m)	pyjamas (en)	[py'jamas]
suéter (m)	sweater, tröja (en)	['svitər], ['trøja]
pulôver (m)	pullover (en)	[pu'lʲɔːvər]
colete (m)	väst (en)	['vɛst]
fraque (m)	frack (en)	['frak]
smoking (m)	smoking (en)	['smɔkiŋ]
uniforme (m)	uniform (en)	[uni'fɔrm]
roupa (f) de trabalho	arbetskläder (pl)	['arbets‚klɛ:dər]
fato-macaco (m)	overall (en)	['ɔve‚rɔːlʲ]
bata (~ branca, etc.)	rock (en)	['rɔk]

34. Vestuário. Roupa interior

roupa (f) interior	underkläder (pl)	['undə̩klʲɛ:dər]
cuecas boxer (f pl)	underbyxor (pl)	['undə̩byksʊr]
cuecas (f pl)	trosor (pl)	['trʊsʊr]
camisola (f) interior	undertröja (en)	['undə̩trøja]
peúgas (f pl)	sockor (pl)	['sɔkʊr]
camisa (f) de noite	nattlinne (ett)	['nat̩linə]
sutiã (m)	behå (en)	[be'ho:]
meias longas (f pl)	knästrumpor (pl)	['knɛ:̩strumpʊr]
meia-calça (f)	strumpbyxor (pl)	['strump̩byksʊr]
meias (f pl)	strumpor (pl)	['strumpʊr]
fato (m) de banho	baddräkt (en)	['bad̩drɛkt]

35. Adereços de cabeça

chapéu (m)	hatt (en)	['hat]
chapéu (m) de feltro	hatt (en)	['hat]
boné (m) de beisebol	baseballkeps (en)	['bejsbɔlʲ keps]
boné (m)	keps (en)	['keps]
boina (f)	basker (en)	['baskər]
capuz (m)	luva, kapuschong (en)	['lʉ:va], [kapʉ'ʃɔ:ŋ]
panamá (m)	panamahatt (en)	['panama̩hat]
gorro (m) de malha	luva (en)	['lʉ:va]
lenço (m)	sjalett (en)	[ʃa'lʲet]
chapéu (m) de mulher	hatt (en)	['hat]
capacete (m) de proteção	hjälm (en)	['jɛlʲm]
bibico (m)	båtmössa (en)	['bɔt̩mœsa]
capacete (m)	hjälm (en)	['jɛlʲm]
chapéu-coco (m)	plommonstop (ett)	['plʲumɔn̩stʊp]
chapéu (m) alto	hög hatt, cylinder (en)	['hø:g ̩hat], [sy'lindər]

36. Calçado

calçado (m)	skodon (pl)	['skʊdʊn]
botinas (f pl)	skor (pl)	['skʊr]
sapatos (de salto alto, etc.)	damskor (pl)	['dam̩skʊr]
botas (f pl)	stövlar (pl)	['støvlʲar]
pantufas (f pl)	tofflor (pl)	['tɔflʲur]
ténis (m pl)	tennisskor (pl)	['tɛnis̩skʊr]
sapatilhas (f pl)	canvas skor (pl)	['kanvas ̩skʊr]
sandálias (f pl)	sandaler (pl)	[san'dalʲer]
sapateiro (m)	skomakare (en)	['skʊ̩makarə]
salto (m)	klack (en)	['klʲak]

par (m)	par (ett)	['par]
atacador (m)	skosnöre (ett)	['skʊˌsnøːrə]
apertar os atacadores	att snöra	[at 'snøːra]
calçadeira (f)	skohorn (ett)	['skʊˌhuːŋ]
graxa (f) para calçado	skokräm (en)	['skʊˌkrɛm]

37. Acessórios pessoais

luvas (f pl)	handskar (pl)	['hanskar]
mitenes (f pl)	vantar (pl)	['vantar]
cachecol (m)	halsduk (en)	['halʲsˌdʉːk]

óculos (m pl)	glasögon (pl)	['glʲasˌøːgɔn]
armação (f) de óculos	båge (en)	['boːgə]
guarda-chuva (m)	paraply (ett)	[paraˈplʲy]
bengala (f)	käpp (en)	['ɕɛp]
escova (f) para o cabelo	hårborste (en)	['hoːrˌbɔːʂtə]
leque (m)	solfjäder (en)	['sʊlʲˌfjɛːdər]

gravata (f)	slips (en)	['slips]
gravata-borboleta (f)	fluga (en)	['flʉːga]
suspensórios (m pl)	hängslen (pl)	['hɛŋslʲən]
lenço (m)	näsduk (en)	['nɛsˌdʉk]

pente (m)	kam (en)	['kam]
travessão (m)	hårklämma (ett)	['hoːrˌklʲɛma]
gancho (m) de cabelo	hårnål (en)	['hoːˌŋoːlʲ]
fivela (f)	spänne (ett)	['spɛnə]

| cinto (m) | bälte (ett) | ['bɛlʲtə] |
| correia (f) | rem (en) | ['rem] |

mala (f)	väska (en)	['vɛska]
mala (f) de senhora	damväska (en)	['damˌvɛska]
mochila (f)	ryggsäck (en)	['rʏgˌsɛk]

38. Vestuário. Diversos

moda (f)	mode (ett)	['mʊdə]
na moda	modern	[mʊˈdɛːŋ]
estilista (m)	modedesigner (en)	['mʊdə deˈsajnər]

colarinho (m), gola (f)	krage (en)	['kragə]
bolso (m)	ficka (en)	['fika]
de bolso	fick-	['fik-]
manga (f)	ärm (en)	['æːrm]
alcinha (f)	hängband (ett)	['hɛŋ band]
braguilha (f)	gylf (en)	['gylʲf]

fecho (m) de correr	blixtlås (ett)	['blikstˌlʲoːs]
fecho (m), colchete (m)	knäppning (en)	['knɛpniŋ]
botão (m)	knapp (en)	['knap]

casa (f) de botão	knapphål (ett)	['knap͵hoːlʲ]
soltar-se (vr)	att lossna	[at 'lʲosna]

coser, costurar (vi)	att sy	[at sy]
bordar (vt)	att brodera	[at brʊ'dera]
bordado (m)	broderi (ett)	[brʊdeˈriː]
agulha (f)	synål (en)	['sy͵noːlʲ]
fio (m)	tråd (en)	['troːd]
costura (f)	söm (en)	['søːm]

sujar-se (vr)	att smutsa ned sig	[at 'smutsa ned sɛj]
mancha (f)	fläck (en)	['flʲɛk]
engelhar-se (vr)	att bli skrynklig	[at bli 'skrʏŋklig]
rasgar (vt)	att riva	[at 'riva]
traça (f)	mal (en)	['malʲ]

39. Cuidados pessoais. Cosméticos

pasta (f) de dentes	tandkräm (en)	['tand͵krɛm]
escova (f) de dentes	tandborste (en)	['tand͵bɔːʂtə]
escovar os dentes	att borsta tänderna	[at 'bɔːʂta 'tɛndɛːŋa]

máquina (f) de barbear	hyvel (en)	['hyvəlʲ]
creme (m) de barbear	rakkräm (en)	['rak͵krɛm]
barbear-se (vr)	att raka sig	[at 'raka sɛj]

sabonete (m)	tvål (en)	['tvoːlʲ]
champô (m)	schampo (ett)	['ɧam͵pʊ]

tesoura (f)	sax (en)	['saks]
lima (f) de unhas	nagelfil (en)	['nagəlʲ͵filʲ]
corta-unhas (m)	nageltång (en)	['nagəlʲ͵toŋ]
pinça (f)	pincett (en)	[pin'sɛt]

cosméticos (m pl)	kosmetika (en)	[kɔs'mɛtika]
máscara (f) facial	ansiktsmask (en)	[an'sikts͵mask]
manicura (f)	manikyr (en)	[mani'kyr]
fazer a manicura	att få manikyr	[at fo: mani'kyr]
pedicure (f)	pedikyr (en)	[pedi'kyr]

mala (f) de maquilhagem	kosmetikväska (en)	[kɔsmɛ'tik͵vɛska]
pó (m)	puder (ett)	['pʉːdər]
caixa (f) de pó	puderdosa (en)	['pʉːdɛ͵doːsa]
blush (m)	rouge (ett)	['ruːʃ]

perfume (m)	parfym (en)	[par'fym]
água (f) de toilette	eau de toilette (en)	['ɔːdetua͵lʲet]
loção (f)	rakvatten (ett)	['rak͵vatən]
água-de-colónia (f)	eau de cologne (en)	['ɔːdekɔ͵lʲoŋʲ]

sombra (f) de olhos	ögonskugga (en)	['øːgɔn͵skuga]
lápis (m) delineador	ögonpenna (en)	['øːgɔn͵pɛna]
máscara (f), rímel (m)	mascara (en)	[ma'skara]
batom (m)	läppstift (ett)	['lʲɛp͵stift]

verniz (m) de unhas	nagellack (ett)	['nagəlⁱˌlⁱak]
laca (f) para cabelos	hårspray (en)	['hoːrˌsprɛj]
desodorizante (m)	deodorant (en)	[deʊdʊ'rant]

creme (m)	kräm (en)	['krɛm]
creme (m) de rosto	ansiktskräm (en)	[an'siktsˌkrɛm]
creme (m) de mãos	handkräm (en)	['handˌkrɛm]
creme (m) antirrugas	anti-rynkor kräm (en)	['antiˌrʏŋkʊr 'krɛm]
creme (m) de dia	dagkräm (en)	['dagˌkrɛm]
creme (m) de noite	nattkräm (en)	['natˌkrɛm]
de dia	dag-	['dag-]
da noite	natt-	['nat-]

tampão (m)	tampong (en)	[tam'pɔŋ]
papel (m) higiénico	toalettpapper (ett)	[tʊa'lⁱetˌpapər]
secador (m) elétrico	hårtork (en)	['hoːˌtʊrk]

40. Relógios de pulso. Relógios

relógio (m) de pulso	armbandsur (ett)	['armbandsˌʉːr]
mostrador (m)	urtavla (en)	['ʉːˌtavlⁱa]
ponteiro (m)	visare (en)	['visarə]
bracelete (f) em aço	armband (ett)	['armˌband]
bracelete (f) em couro	armband (ett)	['armˌband]

pilha (f)	batteri (ett)	[batɛ'riː]
descarregar-se	att bli urladdad	[at bli 'ʉːˌlⁱadad]
trocar a pilha	att byta batteri	[at 'byta batɛ'riː]
estar adiantado	att gå för fort	[at 'goː før 'foːt]
estar atrasado	att gå för långsamt	[at 'goː før 'lⁱɔŋˌsamt]

relógio (m) de parede	väggklocka (en)	['vɛgˌklⁱɔka]
ampulheta (f)	sandklocka (en)	['sandˌklⁱɔka]
relógio (m) de sol	solklocka (en)	['sʊlⁱˌklⁱɔka]
despertador (m)	väckarklocka (en)	['vɛkarˌklⁱɔka]
relojoeiro (m)	urmakare (en)	['ʉrˌmakarə]
reparar (vt)	att reparera	[at repa'rera]

EXPERIÊNCIA DO QUOTIDIANO

41. Dinheiro

dinheiro (m)	pengar (pl)	['pɛŋar]
câmbio (m)	växling (en)	['vɛksliŋ]
taxa (f) de câmbio	kurs (en)	['kuːʂ]
Caixa Multibanco (m)	bankomat (en)	[baŋkʊ'mat]
moeda (f)	mynt (ett)	['mʏnt]
dólar (m)	dollar (en)	['dɔlɑr]
euro (m)	euro (en)	['ɛvrɔ]
lira (f)	lire (en)	['lirə]
marco (m)	mark (en)	['mark]
franco (m)	franc (en)	['fran]
libra (f) esterlina	pund sterling (ett)	['puŋ stɛr'liŋ]
iene (m)	yen (en)	['jɛn]
dívida (f)	skuld (en)	['skʉld]
devedor (m)	gäldenär (en)	[jɛlˈdɛ'næːr]
emprestar (vt)	att låna ut	[at 'lʲoːna ʉt]
pedir emprestado	att låna	[at 'lʲoːna]
banco (m)	bank (en)	['baŋk]
conta (f)	konto (ett)	['kɔntʊ]
depositar (vt)	att sätta in	[at 'sæta in]
depositar na conta	att sätta in på kontot	[at 'sæta in pɔ 'kɔntʊt]
levantar (vt)	att ta ut från kontot	[at ta ʉt frɔn 'kɔntʊt]
cartão (m) de crédito	kreditkort (ett)	[kre'dit,kɔːt]
dinheiro (m) vivo	kontanter (pl)	[kɔn'tantər]
cheque (m)	check (en)	['ɕɛk]
passar um cheque	att skriva en check	[at 'skriva en 'ɕɛk]
livro (m) de cheques	checkbok (en)	['ɕɛk,bʊk]
carteira (f)	plånbok (en)	['plʲoːn,bʊk]
porta-moedas (m)	börs (en)	['bøːʂ]
cofre (m)	säkerhetsskåp (ett)	['sɛːkərhets,skoːp]
herdeiro (m)	arvinge (en)	['arviŋə]
herança (f)	arv (ett)	['arv]
fortuna (riqueza)	förmögenhet (en)	[før'møɡən,het]
arrendamento (m)	hyra (en)	['hyra]
renda (f) de casa	hyra (en)	['hyra]
alugar (vt)	att hyra	[at 'hyra]
preço (m)	pris (ett)	['pris]
custo (m)	kostnad (en)	['kɔstnad]

soma (f)	summa (en)	['suma]
gastar (vt)	att lägga ut	[at 'lɛga ʉt]
gastos (m pl)	utgifter (pl)	['ʉtˌjiftər]
economizar (vi)	att spara	[at 'spara]
económico	sparsam	['spa:ʂam]
pagar (vt)	att betala	[at be'talʲa]
pagamento (m)	betalning (en)	[be'talʲniŋ]
troco (m)	växel (en)	['vɛksəlʲ]
imposto (m)	skatt (en)	['skat]
multa (f)	bot (en)	['bʉt]
multar (vt)	att bötfälla	[at 'bøtˌfɛlʲa]

42. Correios. Serviço postal

correios (m pl)	post (en)	['pɔst]
correio (m)	post (en)	['pɔst]
carteiro (m)	brevbärare (en)	['brevˌbæ:rarə]
horário (m)	öppettider (pl)	['øpetˌti:dər]
carta (f)	brev (ett)	['brev]
carta (f) registada	rekommenderat brev (ett)	[rekɔmən'derat brev]
postal (m)	postkort (ett)	['pɔstˌkɔːt]
telegrama (m)	telegram (ett)	[telʲe'gram]
encomenda (f) postal	postpaket (ett)	['pɔst paˌket]
remessa (f) de dinheiro	pengaöverföring (en)	['pɛŋaˌøvə'fø:riŋ]
receber (vt)	att ta emot	[at ta ɛmo:t]
enviar (vt)	att skicka	[at 'ɧika]
envio (m)	avsändning (en)	['avˌsɛndniŋ]
endereço (m)	adress (en)	[a'drɛs]
código (m) postal	postnummer (ett)	['pɔstˌnumər]
remetente (m)	avsändare (en)	['avˌsɛndarə]
destinatário (m)	mottagare (en)	['mɔtˌtagarə]
nome (m)	förnamn (ett)	['fœːˌɳamn]
apelido (m)	efternamn (ett)	['ɛftəˌɳamn]
tarifa (f)	tariff (en)	[ta'rif]
ordinário	vanlig	['vanlig]
económico	ekonomisk	[ɛkʉ'nɔmisk]
peso (m)	vikt (en)	['vikt]
pesar (estabelecer o peso)	att väga	[at 'vɛ:ga]
envelope (m)	kuvert (ett)	[kʉ:'vær]
selo (m)	frimärke (ett)	['friˌmærkə]
colar o selo	att sätta på frimärke	[at 'sæta pɔ 'friˌmærkə]

43. Banca

banco (m)	bank (en)	['baŋk]
sucursal, balcão (f)	avdelning (en)	[av'dɛlʲniŋ]

consultor (m)	konsulent (en)	[kɔnsu'lʲɛnt]
gerente (m)	föreståndare (en)	[førə'stɔndarə]
conta (f)	bankkonto (ett)	['baŋk,kɔntʊ]
número (m) da conta	kontonummer (ett)	['kɔntʊ,numər]
conta (f) corrente	checkkonto (ett)	['ɕɛk,kɔntʊ]
conta (f) poupança	sparkonto (ett)	['spar,kɔntʊ]
abrir uma conta	att öppna ett konto	[at 'øpna ɛt 'kɔntʊ]
fechar uma conta	att avsluta kontot	[at 'av,slʉːta 'kɔntʊt]
depositar na conta	att sätta in på kontot	[at 'sæta in pɔ 'kɔntʊt]
levantar (vt)	att ta ut från kontot	[at ta ʉt frɔn 'kɔntʊt]
depósito (m)	insats (en)	['in,sats]
fazer um depósito	att sätta in	[at 'sæta in]
transferência (f) bancária	överföring (en)	['øːvə,føːriŋ]
transferir (vt)	att överföra	[at øːvə,føra]
soma (f)	summa (en)	['suma]
Quanto?	Hur mycket?	[hʉr 'mʏkə]
assinatura (f)	signatur, underskrift (en)	[signa'tʉːr], ['undə,skrift]
assinar (vt)	att underteckna	[at 'undə,tɛkna]
cartão (m) de crédito	kreditkort (ett)	[kre'dit,kɔːʈ]
código (m)	kod (en)	['kɔd]
número (m)	kreditkortsnummer (ett)	[kre'dit,kɔːʈs 'numər]
do cartão de crédito		
Caixa Multibanco (m)	bankomat (en)	[baŋkʊ'mat]
cheque (m)	check (en)	['ɕɛk]
passar um cheque	att skriva en check	[at 'skriva en 'ɕɛk]
livro (m) de cheques	checkbok (en)	['ɕɛk,bʊk]
empréstimo (m)	lån (ett)	['lʲoːn]
pedir um empréstimo	att ansöka om lån	[at 'an,søːka ɔm 'lʲoːn]
obter um empréstimo	att få ett lån	[at fo: et 'lʲoːn]
conceder um empréstimo	att ge ett lån	[at je: et 'lʲoːn]
garantia (f)	garanti (en)	[garan'tiː]

44. Telefone. Conversação telefónica

telefone (m)	telefon (en)	[telʲe'fɔn]
telemóvel (m)	mobiltelefon (en)	[mɔ'bilʲ telʲe'fɔn]
secretária (f) electrónica	telefonsvarare (en)	[telʲe'fɔn,svararə]
fazer uma chamada	att ringa	[at 'riŋa]
chamada (f)	telefonsamtal (en)	[telʲe'fɔn,samtalʲ]
marcar um número	att slå nummer	[at 'slʲo: 'numər]
Alô!	Hallå!	[ha'lʲoː]
perguntar (vt)	att fråga	[at 'froːga]
responder (vt)	att svara	[at 'svara]
ouvir (vt)	att höra	[at 'høːra]

bem	gott, bra	['gɔt], ['bra]
mal	dåligt	['doːlit]
ruído (m)	bruser, störningar (pl)	['brɯːsər], ['støːɳiɳar]

auscultador (m)	telefonlur (en)	[telʲe'fɔnˌlɯːr]
pegar o telefone	att lyfta telefonluren	[at 'lʲyfta telʲe'fɔn 'lɯːrən]
desligar (vi)	att lägga på	[at 'lʲɛga pɔ]

ocupado	upptagen	['upˌtagən]
tocar (vi)	att ringa	[at 'riŋa]
lista (f) telefónica	telefonkatalog (en)	[telʲe'fɔn kata'lʲɔg]

local	lokal-	[lʲɔ'kalʲ-]
chamada (f) local	lokalsamtal (ett)	[lʲɔ'kalʲˌsamtalʲ]
de longa distância	riks-	['riks-]
chamada (f) de longa distância	rikssamtal (ett)	['riksˌsamtalʲ]
internacional	internationell	['intɛːɳatʰjʊˌnɛlʲ]
chamada (f) internacional	internationell samtal (ett)	['intɛːɳatʰjʊˌnɛlʲ 'samtalʲ]

45. Telefone móvel

telemóvel (m)	mobiltelefon (en)	[mɔ'bilʲ telʲe'fɔn]
ecrã (m)	skärm (en)	['ɧæːrm]
botão (m)	knapp (en)	['knap]
cartão SIM (m)	SIM-kort (ett)	['simˌkɔːt]

bateria (f)	batteri (ett)	[batɛ'riː]
descarregar-se	att bli urladdad	[at bli 'ɯːˌlʲadad]
carregador (m)	laddare (en)	['lʲadarə]

menu (m)	meny (en)	[me'ny]
definições (f pl)	inställningar (pl)	['inˌstɛlʲniŋar]
melodia (f)	melodi (en)	[melʲɔ'diː]
escolher (vt)	att välja	[at 'vɛlja]

calculadora (f)	kalkylator (en)	[kalʲky'lʲatʊr]
correio (m) de voz	telefonsvarare (en)	[telʲe'fɔnˌsvararə]
despertador (m)	väckarklocka, alarm (en)	['vɛkarˌklʲɔka], [a'lʲarm]
contatos (m pl)	kontakter (pl)	[kɔn'taktər]

| mensagem (f) de texto | SMS meddelande (ett) | [ɛsɛ'mɛs me'delʲandə] |
| assinante (m) | abonnent (en) | [abɔ'nɛnt] |

46. Estacionário

| caneta (f) | kulspetspenna (en) | ['kɯlʲspetsˌpɛna] |
| caneta (f) tinteiro | reservoarpenna (en) | [resɛrvʊ'arˌpɛna] |

lápis (m)	blyertspenna (en)	['blʲyɛːtsˌpɛna]
marcador (m)	märkpenna (en)	['mœrkˌpɛna]
caneta (f) de feltro	tuschpenna (en)	['tuːʃˌpɛna]

bloco (m) de notas	block (ett)	['blʲɔk]
agenda (f)	dagbok (en)	['dag,bʊk]
régua (f)	linjal (en)	[li'njalʲ]
calculadora (f)	kalkylator (en)	[kalʲky'lʲatʊr]
borracha (f)	suddgummi (ett)	['sud,gumi]
pionés (m)	häftstift (ett)	['hɛft,stift]
clipe (m)	gem (ett)	['gem]
cola (f)	lim (ett)	['lim]
agrafador (m)	häftapparat (en)	['hɛft apa,rat]
furador (m)	hålslag (ett)	['ho:lʲ,slʲag]
afia-lápis (m)	pennvässare (en)	['pɛn,vɛsarə]

47. Línguas estrangeiras

língua (f)	språk (ett)	['spro:k]
estrangeiro	främmande	['frɛmandə]
língua (f) estrangeira	främmande språk (ett)	['frɛmandə spro:k]
estudar (vt)	att studera	[at stu'dera]
aprender (vt)	att lära sig	[at 'lʲæ:ra sɛj]
ler (vt)	att läsa	[at 'lʲɛ:sa]
falar (vi)	att tala	[at 'talʲa]
compreender (vt)	att förstå	[at fœ:'şto:]
escrever (vt)	att skriva	[at 'skriva]
rapidamente	snabbt	['snabt]
devagar	långsamt	['lʲɔŋ,samt]
fluentemente	flytande	['flʲytandə]
regras (f pl)	regler (pl)	['rɛglʲər]
gramática (f)	grammatik (en)	[grama'tik]
vocabulário (m)	ordförråd (ett)	['ʊ:dfœ:,ro:d]
fonética (f)	fonetik (en)	[fone'tik]
manual (m) escolar	lärobok (en)	['lʲæ:rʊ,bʊk]
dicionário (m)	ordbok (en)	['ʊ:d,bʊk]
manual (m)	självinstruerande	['ɦɛlʲv instru'ɛrandə
de autoaprendizagem	lärobok (en)	'lʲæ:rʊ,bʊk]
guia (m) de conversação	parlör (en)	[pa:'lʲø:r]
cassete (f)	kassett (en)	[ka'sɛt]
vídeo cassete (m)	videokassett (en)	['videʊ ka'sɛt]
CD (m)	cd-skiva (en)	['sede ,ɦiva]
DVD (m)	dvd (en)	[deve'de:]
alfabeto (m)	alfabet (ett)	['alʲfabet]
soletrar (vt)	att stava	[at 'stava]
pronúncia (f)	uttal (ett)	['ʉt,talʲ]
sotaque (m)	brytning (en)	['brʏtniŋ]
com sotaque	med brytning	[me 'brʏtniŋ]
sem sotaque	utan brytning	['ʉtan 'brʏtniŋ]

palavra (f)	ord (ett)	['ʊːd̪]
sentido (m)	betydelse (en)	[be'tydəlʲsə]
cursos (m pl)	kurs (en)	['kuːs̺]
inscrever-se (vr)	att anmäla sig	[at 'anˌmɛːlʲa sɛj]
professor (m)	lärare (en)	['lʲæːrarə]
tradução (processo)	översättning (en)	['øːvəˌs̺ætniŋ]
tradução (texto)	översättning (en)	['øːvəˌs̺ætniŋ]
tradutor (m)	översättare (en)	['øːvəˌs̺ætarə]
intérprete (m)	tolk (en)	['tɔlʲk]
poliglota (m)	polyglott (en)	[pʊlʏ'glʲɔt]
memória (f)	minne (ett)	['minə]

REFEIÇÕES. RESTAURANTE

48. Por a mesa

colher (f)	sked (en)	['ʃed]
faca (f)	kniv (en)	['kniv]
garfo (m)	gaffel (en)	['gafəlʲ]
chávena (f)	kopp (en)	['kop]
prato (m)	tallrik (en)	['talʲrik]
pires (m)	tefat (ett)	['te̩fat]
guardanapo (m)	servett (en)	[sɛr'vɛt]
palito (m)	tandpetare (en)	['tand̩petarə]

49. Restaurante

restaurante (m)	restaurang (en)	[rɛsto'raŋ]
café (m)	kafé (ett)	[ka'fe:]
bar (m), cervejaria (f)	bar (en)	['bar]
salão (m) de chá	tehus (ett)	['te:̩hus]
empregado (m) de mesa	servitör (en)	[sɛrvi'tø:r]
empregada (f) de mesa	servitris (en)	[sɛrvi'tris]
barman (m)	bartender (en)	['ba:̩tɛndər]
ementa (f)	meny (en)	[me'ny]
lista (f) de vinhos	vinlista (en)	['vin̩lista]
reservar uma mesa	att reservera bord	[at resɛr'vera bu:d̩]
prato (m)	rätt (en)	['ræt]
pedir (vt)	att beställa	[at be'stɛlʲa]
fazer o pedido	att beställa	[at be'stɛlʲa]
aperitivo (m)	aperitif (en)	[aperi'tif]
entrada (f)	förrätt (en)	['fœ:ræt]
sobremesa (f)	dessert (en)	[dɛ'sɛ:r]
conta (f)	nota (en)	['nuta]
pagar a conta	att betala notan	[at be'talʲa 'nutan]
dar o troco	att ge tillbaka växel	[at je: tilʲ'baka 'vɛksəlʲ]
gorjeta (f)	dricks (en)	['driks]

50. Refeições

comida (f)	mat (en)	['mat]
comer (vt)	att äta	[at 'ɛ:ta]

pequeno-almoço (m)	frukost (en)	['fruːkɔst]
tomar o pequeno-almoço	att äta frukost	[at 'ɛːta 'fruːkɔst]
almoço (m)	lunch (en)	['lʉnɕ]
almoçar (vi)	att äta lunch	[at 'ɛːta ˌlʉnɕ]
jantar (m)	kvällsmat (en)	['kvɛlʲsˌmat]
jantar (vi)	att äta kvällsmat	[at 'ɛːta 'kvɛlʲsˌmat]

| apetite (m) | aptit (en) | ['aptit] |
| Bom apetite! | Smaklig måltid! | ['smaklig 'moːlʲtid] |

abrir (~ uma lata, etc.)	att öppna	[at 'øpna]
derramar (vt)	att spilla	[at 'spilʲa]
derramar-se (vr)	att spillas ut	[at 'spilʲas ʉt]

ferver (vi)	att koka	[at 'kʊka]
ferver (vt)	att koka	[at 'kʊka]
fervido	kokt	['kʊkt]
arrefecer (vt)	att avkyla	[at 'avˌɕylʲa]
arrefecer-se (vr)	att avkylas	[at 'avˌɕylʲas]

| sabor, gosto (m) | smak (en) | ['smak] |
| gostinho (m) | bismak (en) | ['bismak] |

fazer dieta	att vara på diet	[at 'vara pɔ di'et]
dieta (f)	diet (en)	[di'et]
vitamina (f)	vitamin (ett)	[vita'min]
caloria (f)	kalori (en)	[kalʲɔ'riː]
vegetariano (m)	vegetarian (en)	[vegetiri'an]
vegetariano	vegetarisk	[vege'tarisk]

gorduras (f pl)	fett (ett)	['fɛt]
proteínas (f pl)	proteiner (pl)	[prɔte'iːnər]
carboidratos (m pl)	kolhydrater (pl)	['kɔlʲhyˌdratər]
fatia (~ de limão, etc.)	skiva (en)	['ʃiva]
pedaço (~ de bolo)	bit (en)	['bit]
migalha (f)	smula (en)	['smʉlʲa]

51. Pratos cozinhados

prato (m)	rätt (en)	['ræt]
cozinha (~ portuguesa)	kök (ett)	['ɕøːk]
receita (f)	recept (ett)	[re'sɛpt]
porção (f)	portion (en)	[pɔ:ʈ'ɧʊn]

| salada (f) | sallad (en) | ['salʲad] |
| sopa (f) | soppa (en) | ['sɔpa] |

caldo (m)	buljong (en)	[bu'ljɔŋ]
sandes (f)	smörgås (en)	['smœrˌgoːs]
ovos (m pl) estrelados	stekt ägg (en)	['stɛkt ˌɛg]

hambúrguer (m)	hamburgare (en)	['hamburgarə]
bife (m)	biffstek (en)	['bifˌstɛk]
conduto (m)	tillbehör (ett)	['tilʲbeˌhør]

espaguete (m)	spagetti	[spa'gɛti]
puré (m) de batata	potatismos (ett)	[pʊ'tatis͵mʊs]
pizza (f)	pizza (en)	['pitsa]
papa (f)	gröt (en)	['grø:t]
omelete (f)	omelett (en)	[ɔməˈlʲet]

cozido em água	kokt	['kʊkt]
fumado	rökt	['rœkt]
frito	stekt	['stɛkt]
seco	torkad	['tɔrkad]
congelado	fryst	['frʏst]
em conserva	sylt-	['sylʲt-]

doce (açucarado)	söt	['sø:t]
salgado	salt	['salʲt]
frio	kall	['kalʲ]
quente	het, varm	['het], ['varm]
amargo	bitter	['bitər]
gostoso	läcker	['lʲɛkər]

cozinhar (em água a ferver)	att koka	[at 'kʊka]
fazer, preparar (vt)	att laga	[at 'lʲaga]
fritar (vt)	att steka	[at 'steka]
aquecer (vt)	att värma upp	[at 'væ:rma up]

salgar (vt)	att salta	[at 'salʲta]
apimentar (vt)	att peppra	[at 'pepra]
ralar (vt)	att riva	[at 'riva]
casca (f)	skal (ett)	['skalʲ]
descascar (vt)	att skala	[at 'skalʲa]

52. Comida

carne (f)	kött (ett)	['ɕœt]
galinha (f)	höna (en)	['hø:na]
frango (m)	kyckling (en)	['ɕyklɪŋ]
pato (m)	anka (en)	['aŋka]
ganso (m)	gås (en)	['go:s]
caça (f)	vilt (ett)	['vilʲt]
peru (m)	kalkon (en)	[kalʲ'kʊn]

carne (f) de porco	fläsk (ett)	['flʲɛsk]
carne (f) de vitela	kalvkött (en)	['kalʲv͵ɕœt]
carne (f) de carneiro	lammkött (ett)	['lʲam͵ɕœt]
carne (f) de vaca	oxkött, nötkött (ett)	['ʊks͵ɕœt], ['nø:t͵ɕœt]
carne (f) de coelho	kanin (en)	[ka'nin]

chouriço, salsichão (m)	korv (en)	['kɔrv]
salsicha (f)	wienerkorv (en)	['viŋɛr͵kɔrv]
bacon (m)	bacon (ett)	['bɛjkɔn]
fiambre (f)	skinka (en)	['ɧiŋka]
presunto (m)	skinka (en)	['ɧiŋka]
patê (m)	paté (en)	[pa'te]
fígado (m)	lever (en)	['lʲevər]

carne (f) moída	köttfärs (en)	['ɕœt̠ˌfæːʂ]
língua (f)	tunga (en)	['tuŋa]
ovo (m)	ägg (ett)	['ɛg]
ovos (m pl)	ägg (pl)	['ɛg]
clara (f) do ovo	äggvita (en)	['ɛgˌviːta]
gema (f) do ovo	äggula (en)	['ɛgˌʉːlʲa]
peixe (m)	fisk (en)	['fisk]
mariscos (m pl)	fisk och skaldjur	['fisk ɔ 'skalʲjʉːr]
crustáceos (m pl)	kräftdjur (pl)	['krɛftˌjuːr]
caviar (m)	kaviar (en)	['kavˌjar]
caranguejo (m)	krabba (en)	['kraba]
camarão (m)	räka (en)	['rɛːka]
ostra (f)	ostron (ett)	['ʊstrʊn]
lagosta (f)	languster (en)	[lʲaŋ'gustər]
polvo (m)	bläckfisk (en)	['blʲɛkˌfisk]
lula (f)	bläckfisk (en)	['blʲɛkˌfisk]
esturjão (m)	stör (en)	['støːr]
salmão (m)	lax (en)	['lʲaks]
halibute (m)	hälleflundra (en)	['hɛlʲeˌflʉndra]
bacalhau (m)	torsk (en)	['tɔːʂk]
cavala, sarda (f)	makrill (en)	['makrilʲ]
atum (m)	tonfisk (en)	['tʊnˌfisk]
enguia (f)	ål (en)	['oːlʲ]
truta (f)	öring (en)	['øːriŋ]
sardinha (f)	sardin (en)	[sa:'d̠iːn]
lúcio (m)	gädda (en)	['jɛda]
arenque (m)	sill (en)	['silʲ]
pão (m)	bröd (ett)	['brøːd]
queijo (m)	ost (en)	['ʊst]
açúcar (m)	socker (ett)	['sɔkər]
sal (m)	salt (ett)	['salʲt]
arroz (m)	ris (ett)	['ris]
massas (f pl)	pasta (en), makaroner (pl)	['pasta], [maka'rʊnər]
talharim (m)	nudlar (pl)	['nʉːdlʲar]
manteiga (f)	smör (ett)	['smœːr]
óleo (m) vegetal	vegetabilisk olja (en)	[vegeta'bilisk 'ɔlja]
óleo (m) de girassol	solrosolja (en)	['sʊlʲrʊsˌɔlja]
margarina (f)	margarin (ett)	[marga'rin]
azeitonas (f pl)	oliver (pl)	[ʊ:'livər]
azeite (m)	olivolja (en)	[ʊ'livˌɔlja]
leite (m)	mjölk (en)	['mjœlʲk]
leite (m) condensado	kondenserad mjölk (en)	[kɔndɛn'serad ˌmjœlʲk]
iogurte (m)	yoghurt (en)	['joːgʉːt]
nata (f) azeda	gräddfil,	['grɛdfilʲ],
	syrad grädden (en)	[syrad 'gredən]

nata (f) do leite	grädde (en)	['grɛdə]
maionese (f)	majonnäs (en)	[majɔ'nɛs]
creme (m)	kräm (en)	['krɛm]

grãos (m pl) de cereais	gryn (en)	['gryn]
farinha (f)	mjöl (ett)	['mjøːlʲ]
enlatados (m pl)	konserv (en)	[kɔn'sɛrv]

flocos (m pl) de milho	cornflakes (pl)	['koːɳˌflɛjks]
mel (m)	honung (en)	['hɔnuŋ]
doce (m)	sylt, marmelad (en)	['sylʲt], [marme'lʲad]
pastilha (f) elástica	tuggummi (ett)	['tugˌgumi]

53. Bebidas

água (f)	vatten (ett)	['vatən]
água (f) potável	dricksvatten (ett)	['driksˌvatən]
água (f) mineral	mineralvatten (ett)	[mine'ralʲˌvatən]

sem gás	icke kolsyrat	['ikə 'kɔlʲˌsyrat]
gaseificada	kolsyrat	['kɔlʲˌsyrat]
com gás	kolsyrat	['kɔlʲˌsyrat]
gelo (m)	is (en)	['is]
com gelo	med is	[me 'is]

sem álcool	alkoholfri	[alʲkʊ'hɔlʲˌfriː]
bebida (f) sem álcool	alkoholfri dryck (en)	[alʲkʊ'hɔlʲfri 'drʏk]
refresco (m)	läskedryck (en)	['lɛskəˌdrik]
limonada (f)	lemonad (en)	[lʲemɔ'nad]

bebidas (f pl) alcoólicas	alkoholhaltiga drycker (pl)	[alʲkʊ'hɔlʲˌhalʲtiga 'drʏkər]
vinho (m)	vin (ett)	['vin]
vinho (m) branco	vitvin (ett)	['vitˌvin]
vinho (m) tinto	rödvin (ett)	['røːdˌvin]

licor (m)	likör (en)	[li'køːr]
champanhe (m)	champagne (en)	[ɧam'panʲ]
vermute (m)	vermouth (en)	['vɛrmut]

uísque (m)	whisky (en)	['viski]
vodka (f)	vodka (en)	['vodka]
gim (m)	gin (ett)	['dʒin]
conhaque (m)	konjak (en)	['kɔnʲak]
rum (m)	rom (en)	['rɔm]

café (m)	kaffe (ett)	['kafə]
café (m) puro	svart kaffe (ett)	['svaːʈ 'kafə]
café (m) com leite	kaffe med mjölk (ett)	['kafə me mjœlʲk]
cappuccino (m)	cappuccino (en)	['kaputʃinʊ]
café (m) solúvel	snabbkaffe (ett)	['snabˌkafə]

leite (m)	mjölk (en)	['mjœlʲk]
coquetel (m)	cocktail (en)	['kɔktɛjlʲ]
batido (m) de leite	milkshake (en)	['milʲkˌʃɛjk]

sumo (m)	juice (en)	['ju:s]
sumo (m) de tomate	tomatjuice (en)	[tʊ'matju:s]
sumo (m) de laranja	apelsinjuice (en)	[apɛlʲ'sinju:s]
sumo (m) fresco	nypressad juice (en)	['nɣˌprɛsad 'ju:s]

cerveja (f)	öl (ett)	['ø:lʲ]
cerveja (f) clara	ljust öl (ett)	['jʉːstˌø:lʲ]
cerveja (f) preta	mörkt öl (ett)	['mœːrktˌø:lʲ]

chá (m)	te (ett)	['te:]
chá (m) preto	svart te (ett)	['sva:ʈ ˌte:]
chá (m) verde	grönt te (ett)	['grœnt te:]

54. Vegetais

legumes (m pl)	grönsaker (pl)	['grø:nˌsakər]
verduras (f pl)	grönsaker (pl)	['grø:nˌsakər]

tomate (m)	tomat (en)	[tʊ'mat]
pepino (m)	gurka (en)	['gurka]
cenoura (f)	morot (en)	['mʊˌrʊt]
batata (f)	potatis (en)	[pʊ'tatis]
cebola (f)	lök (en)	['lʲø:k]
alho (m)	vitlök (en)	['vitˌlʲø:k]

couve (f)	kål (en)	['ko:lʲ]
couve-flor (f)	blomkål (en)	['blʲʊmˌko:lʲ]
couve-de-bruxelas (f)	brysselkål (en)	['brɣsɛlʲˌko:lʲ]
brócolos (m pl)	broccoli (en)	['brɔkɔli]

beterraba (f)	rödbeta (en)	['rø:dˌbeta]
beringela (f)	aubergine (en)	[ɔbɛr'ʒin]
curgete (f)	squash, zucchini (en)	['skvɔːɕ], [su'kini]

abóbora (f)	pumpa (en)	['pumpa]
nabo (m)	rova (en)	['rʊva]

salsa (f)	persilja (en)	[pɛ'ʂilja]
funcho, endro (m)	dill (en)	['dilʲ]
alface (f)	sallad (en)	['salʲad]
aipo (m)	selleri (en)	['sɛlʲeri]

espargo (m)	sparris (en)	['sparis]
espinafre (m)	spenat (en)	[spe'nat]

ervilha (f)	ärter (pl)	['æːʈər]
fava (f)	bönor (pl)	['bønʊr]

milho (m)	majs (en)	['majs]
feijão (m)	böna (en)	['bøna]

pimentão (m)	peppar (en)	['pɛpar]
rabanete (m)	rädisa (en)	['rɛːdisa]
alcachofra (f)	kronärtskocka (en)	['krʊnæːʈˌskɔka]

55. Frutos. Nozes

fruta (f)	frukt (en)	['frʉkt]
maçã (f)	äpple (ett)	['ɛplʲe]
pera (f)	päron (ett)	['pæːrɔn]
limão (m)	citron (en)	[si'trʊn]
laranja (f)	apelsin (en)	[apɛlʲ'sin]
morango (m)	jordgubbe (en)	['jʉːd̪gubə]
tangerina (f)	mandarin (en)	[manda'rin]
ameixa (f)	plommon (ett)	['plʲumɔn]
pêssego (m)	persika (en)	['pɛşika]
damasco (m)	aprikos (en)	[apri'kʊs]
framboesa (f)	hallon (ett)	['halʲɔn]
ananás (m)	ananas (en)	['ananas]
banana (f)	banan (en)	['banan]
melancia (f)	vattenmelon (en)	['vatən‚me'lʲʊn]
uva (f)	druva (en)	['drʉːva]
ginja (f)	körsbär (ett)	['çøːş‚bæːr]
cereja (f)	fågelbär (ett)	['foːgəlʲ‚bæːr]
meloa (f)	melon (en)	[me'lʲʊn]
toranja (f)	grapefrukt (en)	['grɛjp‚frʉkt]
abacate (m)	avokado (en)	[avɔ'kadʊ]
papaia (f)	papaya (en)	[pa'paja]
manga (f)	mango (en)	['maŋgʊ]
romã (f)	granatäpple (en)	[gra'nat‚ɛplʲe]
groselha (f) vermelha	röda vinbär (ett)	['røːda 'vinbæːr]
groselha (f) preta	svarta vinbär (ett)	['svaːʈa 'vinbæːr]
groselha (f) espinhosa	krusbär (ett)	['krʉːs‚bæːr]
mirtilo (m)	blåbär (ett)	['blʲoː‚bæːr]
amora silvestre (f)	björnbär (ett)	['bjøːn‚bæːr]
uvas (f pl) passas	russin (ett)	['rusin]
figo (m)	fikon (ett)	['fikɔn]
tâmara (f)	dadel (en)	['dadəlʲ]
amendoim (m)	jordnöt (en)	['jʉːd̪‚nøːt]
amêndoa (f)	mandel (en)	['mandəlʲ]
noz (f)	valnöt (en)	['valʲ‚nøːt]
avelã (f)	hasselnöt (en)	['hasəlʲ‚nøːt]
coco (m)	kokosnöt (en)	['kukʊs‚nøːt]
pistáchios (m pl)	pistaschnötter (pl)	['pistaʃ‚nœtər]

56. Pão. Bolaria

pastelaria (f)	konditorivaror (pl)	[kɔnditʊ'riː‚varʊr]
pão (m)	bröd (ett)	['brøːd]
bolacha (f)	småkakor (pl)	['smoːkakʊr]
chocolate (m)	choklad (en)	[ʃɔk'lʲad]
de chocolate	choklad-	[ʃɔk'lʲad-]

rebuçado (m)	konfekt, karamell (en)	[kɔn'fɛkt], [kara'mɛlʲ]
bolo (cupcake, etc.)	kaka, bakelse (en)	['kaka], ['bakəlʲsə]
bolo (m) de aniversário	tårta (en)	['to:ʈa]
tarte (~ de maçã)	paj (en)	['paj]
recheio (m)	fyllning (en)	['fylʲniŋ]
doce (m)	sylt (en)	['sylʲt]
geleia (f) de frutas	marmelad (en)	[marme'lʲad]
waffle (m)	våffle (en)	['vɔflʲe]
gelado (m)	glass (en)	['glʲas]
pudim (m)	pudding (en)	['pudiŋ]

57. Especiarias

sal (m)	salt (ett)	['salʲt]
salgado	salt	['salʲt]
salgar (vt)	att salta	[at 'salʲta]
pimenta (f) preta	svartpeppar (en)	['sva:ʈ,pɛpar]
pimenta (f) vermelha	rödpeppar (en)	['rø:d,pɛpar]
mostarda (f)	senap (en)	['se:nap]
raiz-forte (f)	pepparrot (en)	['pɛpa,rʊt]
condimento (m)	krydda (en)	['krʏda]
especiaria (f)	krydda (en)	['krʏda]
molho (m)	sås (en)	['so:s]
vinagre (m)	ättika (en)	['ætika]
anis (m)	anis (en)	['anis]
manjericão (m)	basilika (en)	[ba'silika]
cravo (m)	nejlika (en)	['nɛjlika]
gengibre (m)	ingefära (en)	['iŋə,fæ:ra]
coentro (m)	koriander (en)	[kori'andər]
canela (f)	kanel (en)	[ka'nelʲ]
sésamo (m)	sesam (en)	['sesam]
folhas (f pl) de louro	lagerblad (ett)	['lʲagər,blʲad]
páprica (f)	paprika (en)	['paprika]
cominho (m)	kummin (en)	['kumin]
açafrão (m)	saffran (en)	['safran]

INFORMAÇÃO PESSOAL. FAMÍLIA

58. Informação pessoal. Formulários

nome (m)	namn (ett)	['namn]
apelido (m)	efternamn (ett)	['ɛftə͵namn]
data (f) de nascimento	födelsedatum (ett)	['føːdəlʲsə͵datum]
local (m) de nascimento	födelseort (en)	['føːdəlʲsə͵ɔːt]
nacionalidade (f)	nationalitet (en)	[natɧunaliˈtet]
lugar (m) de residência	bostadsort (en)	['bostads͵ɔːt]
país (m)	land (ett)	['lʲand]
profissão (f)	yrke (ett), profession (en)	['yrkə], [prɔfeˈɧun]
sexo (m)	kön (ett)	['ɕøːn]
estatura (f)	höjd (en)	['hœjd]
peso (m)	vikt (en)	['vikt]

59. Membros da família. Parentes

mãe (f)	mor (en)	['mur]
pai (m)	far (en)	['far]
filho (m)	son (en)	['sɔn]
filha (f)	dotter (en)	['dotər]
filha (f) mais nova	yngsta dotter (en)	['yŋsta 'dotər]
filho (m) mais novo	yngste son (en)	['yŋstə sɔn]
filha (f) mais velha	äldsta dotter (en)	['ɛlʲsta 'dotər]
filho (m) mais velho	äldste son (en)	['ɛlʲstə 'sɔn]
irmão (m)	bror (en)	['brur]
irmão (m) mais velho	storebror (en)	['sturə͵brur]
irmão (m) mais novo	lillebror (en)	['lilʲe͵brur]
irmã (f)	syster (en)	['systər]
irmã (f) mais velha	storasyster (en)	['stura͵systər]
irmã (f) mais nova	lillasyster (en)	['lilʲa͵systər]
primo (m)	kusin (en)	[kʉ'siːn]
prima (f)	kusin (en)	[kʉ'siːn]
mamã (f)	mamma (en)	['mama]
papá (m)	pappa (en)	['papa]
pais (pl)	föräldrar (pl)	[før'ɛlʲdrar]
criança (f)	barn (ett)	['baːɳ]
crianças (f pl)	barn (pl)	['baːɳ]
avó (f)	mormor, farmor (en)	['murmur], ['farmur]
avô (m)	morfar, farfar (en)	['murfar], ['farfar]
neto (m)	barnbarn (ett)	['baːɳ͵baːɳ]

| neta (f) | barnbarn (ett) | ['ba:ŋˌba:ŋ] |
| netos (pl) | barnbarn (pl) | ['ba:ŋˌba:ŋ] |

tio (m)	farbror, morbror (en)	['farˌbrʊr], ['mʊrˌbrʊr]
tia (f)	faster, moster (en)	['fastər], ['mʊstər]
sobrinho (m)	brorson, systerson (en)	['brʊrˌsɔn], ['sʏstəˌsɔn]
sobrinha (f)	brorsdotter, systerdotter (en)	['brʊːʂˌdɔtər], ['sʏstəˌdɔtər]

sogra (f)	svärmor (en)	['svæːrˌmʊr]
sogro (m)	svärfar (en)	['svæːrˌfar]
genro (m)	svärson (en)	['svæːˌʂɔn]
madrasta (f)	styvmor (en)	['styvˌmʊr]
padrasto (m)	styvfar (en)	['styvˌfar]

criança (f) de colo	spädbarn (ett)	['spɛːdˌba:ŋ]
bebé (m)	spädbarn (ett)	['spɛːdˌba:ŋ]
menino (m)	baby, bäbis (en)	['bɛːbi], ['bɛːbis]

mulher (f)	hustru (en)	['hʉstrʉ]
marido (m)	man (en)	['man]
esposo (m)	make, äkta make (en)	['makə], ['ɛkta ˌmakə]
esposa (f)	hustru (en)	['hʉstrʉ]

casado	gift	['jift]
casada	gift	['jift]
solteiro	ogift	[ʊ:'jift]
solteirão (m)	ungkarl (en)	['ʊŋˌkar]
divorciado	frånskild	['froːnˌɧilʲd]
viúva (f)	änka (en)	['ɛŋka]
viúvo (m)	änkling (en)	['ɛŋkliŋ]

parente (m)	släkting (en)	['slʲɛktiŋ]
parente (m) próximo	nära släkting (en)	['næːra 'slʲɛktiŋ]
parente (m) distante	fjärran släkting (en)	['fjæːran 'slʲɛktiŋ]
parentes (m pl)	släktingar (pl)	['slʲɛktiŋar]

órfão (m), órfã (f)	föräldralöst barn (ett)	[før'ɛlʲdralʲœst 'ba:ŋ]
tutor (m)	förmyndare (en)	['førˌmʏndarə]
adotar (um filho)	att adoptera	[at adɔp'tera]
adotar (uma filha)	att adoptera	[at adɔp'tera]

60. Amigos. Colegas de trabalho

amigo (m)	vän (en)	['vɛ:n]
amiga (f)	väninna (en)	[vɛ:'nina]
amizade (f)	vänskap (en)	['vɛnˌskap]
ser amigos	att vara vänner	[at 'vara 'vɛnər]

amigo (m)	vän (en)	['vɛ:n]
amiga (f)	väninna (en)	[vɛ:'nina]
parceiro (m)	partner (en)	['pa:tnər]
chefe (m)	chef (en)	['ɧef]
superior (m)	överordnad (en)	['øːvərˌɔːdnat]

proprietário (m)	**ägare (en)**	[ˈɛːgarə]
subordinado (m)	**underordnad (en)**	[ˈundərˌɔːɖnat]
colega (m)	**kollega (en)**	[kɔˈlʲeːga]
conhecido (m)	**bekant (en)**	[beˈkant]
companheiro (m) de viagem	**resekamrat (en)**	[ˈresəˌkamˈrat]
colega (m) de classe	**klasskamrat (en)**	[ˈklʲasˌkamˈrat]
vizinho (m)	**granne (en)**	[ˈgranə]
vizinha (f)	**granne (en)**	[ˈgranə]
vizinhos (pl)	**grannar (pl)**	[ˈgranar]

CORPO HUMANO. MEDICINA

61. Cabeça

cabeça (f)	huvud (ett)	['hʉ:vʉd]
cara (f)	ansikte (ett)	['ansiktə]
nariz (m)	näsa (en)	['nɛ:sa]
boca (f)	mun (en)	['mu:n]
olho (m)	öga (ett)	['ø:ga]
olhos (m pl)	ögon (pl)	['ø:gɔn]
pupila (f)	pupill (en)	[pʉ'pilʲ]
sobrancelha (f)	ögonbryn (ett)	['ø:gɔnˌbryn]
pestana (f)	ögonfrans (en)	['ø:gɔnˌfrans]
pálpebra (f)	ögonlock (ett)	['ø:gɔnˌlʲɔk]
língua (f)	tunga (en)	['tuŋa]
dente (m)	tand (en)	['tand]
lábios (m pl)	läppar (pl)	['lʲɛpar]
maçãs (f pl) do rosto	kindben (pl)	['çindˌbe:n]
gengiva (f)	tandkött (ett)	['tandˌɕœt]
palato (m)	gom (en)	['gʊm]
narinas (f pl)	näsborrar (pl)	['nɛ:sˌbɔrar]
queixo (m)	haka (en)	['haka]
mandíbula (f)	käke (en)	['ɕɛ:kə]
bochecha (f)	kind (en)	['çind]
testa (f)	panna (en)	['pana]
têmpora (f)	tinning (en)	['tiniŋ]
orelha (f)	öra (ett)	['ø:ra]
nuca (f)	nacke (en)	['nakə]
pescoço (m)	hals (en)	['halʲs]
garganta (f)	strupe, hals (en)	['strʉpə], ['halʲs]
cabelos (m pl)	hår (pl)	['ho:r]
penteado (m)	frisyr (en)	[fri'syr]
corte (m) de cabelo	klippning (en)	['klipniŋ]
peruca (f)	peruk (en)	[pe'rʉ:k]
bigode (m)	mustasch (en)	[mʉ'sta:ʃ]
barba (f)	skägg (ett)	['ɧɛg]
usar, ter (~ barba, etc.)	att ha	[at 'ha]
trança (f)	fläta (en)	['flʲɛ:ta]
suíças (f pl)	polisonger (pl)	[pɔli'sɔŋər]
ruivo	rödhårig	['rø:dˌho:rig]
grisalho	grå	['gro:]
calvo	skallig	['skalig]
calva (f)	flint (en)	['flint]

rabo-de-cavalo (m)	hästsvans (en)	['hɛst‚svans]
franja (f)	lugg, pannlugg (en)	[lʊg], ['pan‚lʊg]

62. Corpo humano

mão (f)	hand (en)	['hand]
braço (m)	arm (en)	['arm]
dedo (m)	finger (ett)	['fiŋər]
dedo (m) do pé	tå (en)	['to:]
polegar (m)	tumme (en)	['tumə]
dedo (m) mindinho	lillfinger (ett)	['lilˌfiŋər]
unha (f)	nagel (en)	['nagəlʲ]
punho (m)	knytnäve (en)	['knʏtˌnɛ:və]
palma (f) da mão	handflata (en)	['handˌflʲata]
pulso (m)	handled (en)	['handˌlʲed]
antebraço (m)	underarm (en)	['undərˌarm]
cotovelo (m)	armbåge (en)	['armˌbo:gə]
ombro (m)	skuldra (en)	['skʊlʲdra]
perna (f)	ben (ett)	['be:n]
pé (m)	fot (en)	['fʊt]
joelho (m)	knä (ett)	['knɛ:]
barriga (f) da perna	vad (ett)	['vad]
anca (f)	höft (en)	['hœft]
calcanhar (m)	häl (en)	['hɛ:lʲ]
corpo (m)	kropp (en)	['krɔp]
barriga (f)	mage (en)	['magə]
peito (m)	bröst (ett)	['brœst]
seio (m)	bröst (ett)	['brœst]
lado (m)	sida (en)	['sida]
costas (f pl)	rygg (en)	['rʏg]
região (f) lombar	ländrygg (en)	['lʲɛndˌrʏg]
cintura (f)	midja (en)	['midja]
umbigo (m)	navel (en)	['navəlʲ]
nádegas (f pl)	stjärtar, skinkor (pl)	['ɧæ:ˌʈar], ['ɧiŋkʊr]
traseiro (m)	bak (en)	['bak]
sinal (m)	leverfläck (ett)	['lʲevərˌflɛk]
sinal (m) de nascença	födelsemärke (ett)	['fø:dəlʲsəˌmæ:rkə]
tatuagem (f)	tatuering (en)	[tatʉ'eriŋ]
cicatriz (f)	ärr (ett)	['ær]

63. Doenças

doença (f)	sjukdom (en)	['ɧʉ:kˌdʊm]
estar doente	att vara sjuk	[at 'vara 'ɧʉ:k]
saúde (f)	hälsa, sundhet (en)	['hɛlʲsa], ['sundˌhet]
nariz (m) a escorrer	snuva (en)	['snʉ:va]

amigdalite (f)	halsfluss, angina (en)	['halʲsˌflʉs], [aŋ'gina]
constipação (f)	förkylning (en)	[før'çylʲniŋ]
constipar-se (vr)	att bli förkyld	[at bli før'çylʲd]
bronquite (f)	bronkit (en)	[brɔŋ'kit]
pneumonia (f)	lunginflammation (en)	['lʉŋˌinflʲama'fjʉn]
gripe (f)	influensa (en)	[inflʉ'ɛnsa]
míope	närsynt	['næːˌsʏnt]
presbita	långsynt	['lʲɔŋˌsʏnt]
estrabismo (m)	skelögdhet (en)	['fjelʲøgdˌhet]
estrábico	skelögd	['fjelʲˌøgd]
catarata (f)	grå starr (en)	['gro: 'star]
glaucoma (m)	grön starr (en)	['grøːn 'star]
AVC (m), apoplexia (f)	stroke (en), hjärnslag (ett)	['stroːk], ['jæːnˌslʲag]
ataque (m) cardíaco	infarkt (en)	[in'farkt]
enfarte (m) do miocárdio	hjärtinfarkt (en)	['jæːʈ in'farkt]
paralisia (f)	förlamning (en)	[fœː'lʲamniŋ]
paralisar (vt)	att förlama	[at fœː'lʲama]
alergia (f)	allergi (en)	[alʲer'gi]
asma (f)	astma (en)	['astma]
diabetes (f)	diabetes (en)	[dia'betəs]
dor (f) de dentes	tandvärk (en)	['tandˌvæːrk]
cárie (f)	karies (en)	['karies]
diarreia (f)	diarré (en)	[dia're:]
prisão (f) de ventre	förstoppning (en)	[fœː'ʂtɔpniŋ]
desarranjo (m) intestinal	magbesvär (ett)	['magˌbe'svɛːr]
intoxicação (f) alimentar	matförgiftning (en)	['matˌfœr'jiftniŋ]
intoxicar-se	att få matförgiftning	[at fo: 'matˌfœr'jiftniŋ]
artrite (f)	artrit (en)	[a'trit]
raquitismo (m)	rakitis (en)	[ra'kitis]
reumatismo (m)	reumatism (en)	[revma'tism]
arteriosclerose (f)	åderförkalkning (en)	['oːdɛrførˌkalʲkniŋ]
gastrite (f)	gastrit (en)	[ga'strit]
apendicite (f)	appendicit (en)	[apɛndi'sit]
colecistite (f)	cholecystit (en)	[holəsys'tit]
úlcera (f)	magsår (ett)	['magˌso:r]
sarampo (m)	mässling (en)	['mɛsˌliŋ]
rubéola (f)	röda hund (en)	['røːda 'hund]
iterícia (f)	gulsot (en)	['gʉːlʲˌsʊt]
hepatite (f)	hepatit (en)	[hepa'tit]
esquizofrenia (f)	schizofreni (en)	[skitsɔfre'niː]
raiva (f)	rabies (en)	['rabies]
neurose (f)	neuros (en)	[nev'rɔs]
comoção (f) cerebral	hjärnskakning (en)	['jæːnˌʂkakniŋ]
cancro (m)	cancer (en)	['kansər]
esclerose (f)	skleros (en)	[sklʲe'rɔs]

esclerose (f) múltipla	multipel skleros (en)	[muˡlˡtipəlˡ sklˡeˡrɔs]
alcoolismo (m)	alkoholism (en)	[alˡkuhɔˡlizm]
alcoólico (m)	alkoholist (en)	[alˡkuhɔˡlist]
sífilis (f)	syfilis (en)	[ˈsyfilis]
SIDA (f)	AIDS	[ˈɛjds]

tumor (m)	tumör (en)	[tuˈmøːr]
maligno	elakartad	[ˈɛlˡakˌaːʈad]
benigno	godartad	[ˈgʊdˌaːʈad]

febre (f)	feber (en)	[ˈfebər]
malária (f)	malaria (en)	[maˈlˡaria]
gangrena (f)	kallbrand (en)	[ˈkalˡˌbrand]
enjoo (m)	sjösjuka (en)	[ˈʂøːˌɧuːka]
epilepsia (f)	epilepsi (en)	[epilˡepˈsiː]

epidemia (f)	epidemi (en)	[ɛpideˈmiː]
tifo (m)	tyfus (en)	[ˈtyfus]
tuberculose (f)	tuberkulos (en)	[tubɛrkuˈlˡɔs]
cólera (f)	kolera (en)	[ˈkʊlˡera]
peste (f)	pest (en)	[ˈpɛst]

64. Sintomas. Tratamentos. Parte 1

sintoma (m)	symptom (ett)	[sʏmpˈtɔm]
temperatura (f)	temperatur (en)	[tɛmpəraˈtuːr]
febre (f)	hög temperatur (en)	[ˈhøːg tɛmpəraˈtuːr]
pulso (m)	puls (en)	[ˈpulˡs]

vertigem (f)	yrsel, svindel (en)	[ˈyːʂəlˡ], [ˈsvindəlˡ]
quente (testa, etc.)	varm	[ˈvarm]
calafrio (m)	rysning (en)	[ˈrʏsniŋ]
pálido	blek	[ˈblˡek]

tosse (f)	hosta (en)	[ˈhʊsta]
tossir (vi)	att hosta	[at ˈhʊsta]
espirrar (vi)	att nysa	[at ˈnysa]
desmaio (m)	svimning (en)	[ˈsvimniŋ]
desmaiar (vi)	att svimma	[at ˈsvima]

nódoa (f) negra	blåmärke (ett)	[ˈblˡoːˌmæːrkə]
galo (m)	bula (en)	[ˈbuːlˡa]
magoar-se (vr)	att slå sig	[at ˈslˡoː sɛj]
pisadura (f)	blåmärke (ett)	[ˈblˡoːˌmæːrkə]
aleijar-se (vr)	att slå sig	[at ˈslˡoː sɛj]

coxear (vi)	att halta	[at ˈhalˡta]
deslocação (f)	vrickning (en)	[ˈvrikniŋ]
deslocar (vt)	att förvrida	[at førˈvrida]
fratura (f)	brott (ett), fraktur (en)	[ˈbrɔt], [frakˈtuːr]
fraturar (vt)	att få en fraktur	[at foː en frakˈtuːr]

corte (m)	skärsår (ett)	[ˈɧæːˌʂoːr]
cortar-se (vr)	att skära sig	[at ˈɧæːra sɛj]

hemorragia (f)	blödning (en)	['blʲœdniŋ]
queimadura (f)	brännsår (ett)	['brɛnˌsoːr]
queimar-se (vr)	att bränna sig	[at 'brɛna sɛj]

picar (vt)	att sticka	[at 'stika]
picar-se (vr)	att sticka sig	[at 'stika sɛj]
lesionar (vt)	att skada	[at 'skada]
lesão (m)	skada (en)	['skada]
ferida (f), ferimento (m)	sår (ett)	['soːr]
trauma (m)	trauma (en)	['travma]

delirar (vi)	att tala i feberyra	[at 'talʲa i 'febəryra]
gaguejar (vi)	att stamma	[at 'stama]
insolação (f)	solsting (ett)	['sʊlʲˌstiŋ]

65. Sintomas. Tratamentos. Parte 2

| dor (f) | värk, smärta (en) | ['væːrk], ['smɛʈa] |
| farpa (no dedo) | sticka (en) | ['stika] |

suor (m)	svett (en)	['svɛt]
suar (vi)	att svettas	[at 'svɛtas]
vómito (m)	kräkning (en)	['krɛkniŋ]
convulsões (f pl)	kramper (pl)	['krampər]

grávida	gravid	[gra'vid]
nascer (vi)	att födas	[at 'føːdas]
parto (m)	förlossning (en)	[fœːˈlʲɔsniŋ]
dar à luz	att föda	[at 'føːda]
aborto (m)	abort (en)	[a'bɔːt]

respiração (f)	andning (en)	['andniŋ]
inspiração (f)	inandning (en)	['inˌandniŋ]
expiração (f)	utandning (en)	['ʉtˌandniŋ]
expirar (vi)	att andas ut	[at 'andas ʉt]
inspirar (vi)	att andas in	[at 'andas in]

inválido (m)	handikappad person (en)	['handiˌkapad pɛ'ʂʊn]
aleijado (m)	krympling (en)	['krʏmpliŋ]
toxicodependente (m)	narkoman (en)	[narkʊ'man]

surdo	döv	['døːv]
mudo	stum	['stuːm]
surdo-mudo	dövstum	['døːvˌstuːm]

louco (adj.)	mentalsjuk, galen	['mentalˈɧʉːk], ['galʲen]
louco (m)	dåre, galning (en)	['doːrə], ['galʲniŋ]
louca (f)	dåre, galning (en)	['doːrə], ['galʲniŋ]
ficar louco	att bli sinnessjuk	[at bli 'sinɛsˌɧʉːk]

gene (m)	gen (en)	['jen]
imunidade (f)	immunitet (en)	[imʉni'teːt]
hereditário	ärftlig	['æːrftlig]
congénito	medfödd	['medˌfœd]

vírus (m)	virus (ett)	['vi:rʉs]
micróbio (m)	mikrob (en)	[mi'krɔb]
bactéria (f)	bakterie (en)	[bak'teriə]
infeção (f)	infektion (en)	[infɛk'ʃʉn]

66. Sintomas. Tratamentos. Parte 3

hospital (m)	sjukhus (ett)	['ʃʉ:k‚hʉs]
paciente (m)	patient (en)	[pasi'ent]
diagnóstico (m)	diagnos (en)	[dia'gnɔs]
cura (f)	kur (en)	['kʉ:r]
tratamento (m) médico	behandling (en)	[be'handliŋ]
curar-se (vr)	att bli behandlad	[at bli be'handlʲad]
tratar (vt)	att behandla	[at be'handlʲa]
cuidar (pessoa)	att sköta	[at 'ʃø:ta]
cuidados (m pl)	vård (en)	['vo:ɖ]
operação (f)	operation (en)	[ɔpera'ʃʉn]
enfaixar (vt)	att förbinda	[at før'binda]
enfaixamento (m)	förbindning (en)	[før'bindniŋ]
vacinação (f)	vaccination (en)	[vaksina'ʃʉn]
vacinar (vt)	att vaksinera	[at vaksi'nera]
injeção (f)	injektion (en)	[injɛk'ʃʉn]
dar uma injeção	att ge en spruta	[at je: en 'sprʉta]
ataque (~ de asma, etc.)	anfall (ett), attack (en)	['anfalʲ], [a'tak]
amputação (f)	amputation (en)	[ampʉta'ʃʉn]
amputar (vt)	att amputera	[at ampʉ'tera]
coma (f)	koma (ett)	['kɔma]
estar em coma	att ligga i koma	[at 'liga i 'kɔma]
reanimação (f)	intensivavdelning (en)	[intɛn'siv‚av'dɛlʲniŋ]
recuperar-se (vr)	att återhämta sig	[at 'o:ter‚hɛmta sɛj]
estado (~ de saúde)	tillstånd (ett)	['tilʲ‚stɔnd]
consciência (f)	medvetande (ett)	['med‚vetandə]
memória (f)	minne (ett)	['minə]
tirar (vt)	att dra ut	[at 'dra ʉt]
chumbo (m), obturação (f)	plomb (en)	['plʲomb]
chumbar, obturar (vt)	att plombera	[at plʲom'bera]
hipnose (f)	hypnos (en)	[hʏp'nɔs]
hipnotizar (vt)	att hypnotisera	[at 'hʏpnoti‚sera]

67. Medicina. Drogas. Acessórios

medicamento (m)	medicin (en)	[medi'sin]
remédio (m)	medel (ett)	['medəlʲ]
receitar (vt)	att ordinera	[at o:dʲi'nera]
receita (f)	recept (ett)	[re'sɛpt]

comprimido (m)	tablett (en)	[tab'lʲet]
pomada (f)	salva (en)	['salʲva]
ampola (f)	ampull (en)	[am'pulʲ]
preparado (m)	mixtur (en)	[miks'tʉːr]
xarope (m)	sirap (en)	['sirap]
cápsula (f)	piller (ett)	['pilʲer]
remédio (m) em pó	pulver (ett)	['pulʲvər]
ligadura (f)	gasbinda (en)	['gas͜binda]
algodão (m)	vadd (en)	['vad]
iodo (m)	jod (en)	['jʊd]
penso (m) rápido	plåster (ett)	['plʲɔstər]
conta-gotas (m)	pipett (en)	[pi'pɛt]
termómetro (m)	termometer (en)	[tɛrmʊ'metər]
seringa (f)	spruta (en)	['sprʉta]
cadeira (f) de rodas	rullstol (en)	['rʉlʲ͜stʊlʲ]
muletas (f pl)	kryckor (pl)	['krʏkʊr]
analgésico (m)	smärtstillande medel (ett)	['smæːt͜stilʲande 'medəlʲ]
laxante (m)	laxermedel (ett)	['lʲaksər 'medəlʲ]
álcool (m) etílico	sprit (en)	['sprit]
ervas (f pl) medicinais	läkeväxter (pl)	['lʲɛkə͜vɛkstər]
de ervas (chá ~)	ört-	['øːt-]

APARTAMENTO

68. Apartamento

apartamento (m)	lägenhet (en)	['lɪe:gən‚het]
quarto (m)	rum (ett)	['ru:m]
quarto (m) de dormir	sovrum (ett)	['sɔv‚rum]
sala (f) de jantar	matsal (en)	['matsalɪ]
sala (f) de estar	vardagsrum (ett)	['va:das‚rum]
escritório (m)	arbetsrum (ett)	['arbets‚rum]
antessala (f)	entréhall (en)	[ɛntre:halɪ]
quarto (m) de banho	badrum (ett)	['bad‚ru:m]
toilette (lavabo)	toalett (en)	[tʊa'lɪet]
teto (m)	tak (ett)	['tak]
chão, soalho (m)	golv (ett)	['gɔlɪv]
canto (m)	hörn (ett)	['hø:ɳ]

69. Mobiliário. Interior

mobiliário (m)	möbel (en)	['mø:bəlɪ]
mesa (f)	bord (ett)	['bʊ:d]
cadeira (f)	stol (en)	['stʊlɪ]
cama (f)	säng (en)	['sɛŋ]
divã (m)	soffa (en)	['sɔfa]
cadeirão (m)	fåtölj, länstol (en)	[fo:'tœlj], ['lɛn‚stʊlɪ]
estante (f)	bokhylla (en)	['bʊk‚hylɪa]
prateleira (f)	hylla (en)	['hylɪa]
guarda-vestidos (m)	garderob (en)	[ga:də'rɔ:b]
cabide (m) de parede	knagg (en)	['knag]
cabide (m) de pé	klädhängare (en)	['klɪɛd‚hɛŋarə]
cómoda (f)	byrå (en)	['byro:]
mesinha (f) de centro	soffbord (ett)	['sɔf‚bʊ:d]
espelho (m)	spegel (en)	['spegəlɪ]
tapete (m)	matta (en)	['mata]
tapete (m) pequeno	liten matta (en)	['litən 'mata]
lareira (f)	kamin (en), eldstad (ett)	[ka'min], ['ɛlɪd‚stad]
vela (f)	ljus (ett)	['jʉ:s]
castiçal (m)	ljusstake (en)	['jʉ:s‚stakə]
cortinas (f pl)	gardiner (pl)	[ga:'dinər]
papel (m) de parede	tapet (en)	[ta'pet]

estores (f pl)	persienn (en)	[pɛ'sjen]
candeeiro (m) de mesa	bordslampa (en)	['buːds̩lˡampa]
candeeiro (m) de parede	vägglampa (en)	['vɛg̩lˡampa]
candeeiro (m) de pé	golvlampa (en)	['gɔlˡv̩lˡampa]
lustre (m)	ljuskrona (en)	['juːs̩krʊna]
pé (de mesa, etc.)	ben (ett)	['beːn]
braço (m)	armstöd (ett)	['arm̩støːd]
costas (f pl)	rygg (en)	['rʏg]
gaveta (f)	låda (en)	['lˡoːda]

70. Quarto de dormir

roupa (f) de cama	sängkläder (pl)	['sɛŋ̩klˡɛːdər]
almofada (f)	kudde (en)	['kudə]
fronha (f)	örngott (ett)	['øːn̩gɔt]
cobertor (m)	duntäcke (ett)	['dʉːn̩tɛkə]
lençol (m)	lakan (ett)	['lˡakan]
colcha (f)	överkast (ett)	['øːvə̩kast]

71. Cozinha

cozinha (f)	kök (ett)	['çøːk]
gás (m)	gas (en)	['gas]
fogão (m) a gás	gasspis (en)	['gas̩spis]
fogão (m) elétrico	elektrisk spis (en)	[ɛ'lˡektrisk ̩spis]
forno (m)	bakugn (en)	['bak̩ugn]
forno (m) de micro-ondas	mikrovågsugn (en)	['mikrʊvɔgs̩ugn]
frigorífico (m)	kylskåp (ett)	['çʏlˡ̩skoːp]
congelador (m)	frys (en)	['frys]
máquina (f) de lavar louça	diskmaskin (en)	['disk̩ma'ɦiːn]
moedor (m) de carne	köttkvarn (en)	['çœt̩kvaːn]
espremedor (m)	juicepress (en)	['juːs̩prɛs]
torradeira (f)	brödrost (en)	['brøːd̩rɔst]
batedeira (f)	mixer (en)	['miksər]
máquina (f) de café	kaffebryggare (en)	['kafə̩brʏgarə]
cafeteira (f)	kaffekanna (en)	['kafə̩kana]
moinho (m) de café	kaffekvarn (en)	['kafə̩kvaːn]
chaleira (f)	tekittel (en)	['te̩çitəlˡ]
bule (m)	tekanna (en)	['te̩kana]
tampa (f)	lock (ett)	['lˡɔk]
coador (m) de chá	tesil (en)	['te̩silˡ]
colher (f)	sked (en)	['ɦed]
colher (f) de chá	tesked (en)	['te̩ɦed]
colher (f) de sopa	matsked (en)	['mat̩ɦed]
garfo (m)	gaffel (en)	['gafəlˡ]
faca (f)	kniv (en)	['kniv]

louça (f)	servis (en)	[sɛr'vis]
prato (m)	tallrik (en)	['talʲrik]
pires (m)	tefat (ett)	['te‚fat]
cálice (m)	shotglas (ett)	['ʃot‚glʲas]
copo (m)	glas (ett)	['glʲas]
chávena (f)	kopp (en)	['kop]
açucareiro (m)	sockerskål (en)	['sɔkə:‚sko:lʲ]
saleiro (m)	saltskål (en)	['salʲt‚sko:lʲ]
pimenteiro (m)	pepparskål (en)	['pɛpa‚sko:lʲ]
manteigueira (f)	smörfat (en)	['smœr‚fat]
panela, caçarola (f)	kastrull, gryta (en)	[ka'strulʲ], ['gryta]
frigideira (f)	stekpanna (en)	['stek‚pana]
concha (f)	slev (en)	['slʲev]
passador (m)	durkslag (ett)	['durk‚slʲag]
bandeja (f)	bricka (en)	['brika]
garrafa (f)	flaska (en)	['flʲaska]
boião (m) de vidro	glasburk (en)	['glʲas‚burk]
lata (f)	burk (en)	['burk]
abre-garrafas (m)	flasköppnare (en)	['flʲask‚øpnarə]
abre-latas (m)	burköppnare (en)	['burk‚øpnarə]
saca-rolhas (m)	korkskruv (en)	['kɔrk‚skru:v]
filtro (m)	filter (ett)	['filʲtər]
filtrar (vt)	att filtrera	[at filʲ'trera]
lixo (m)	sopor, avfall (ett)	['supʊr], ['avfalʲ]
balde (m) do lixo	sophink (en)	['sup‚hiŋk]

72. Casa de banho

quarto (m) de banho	badrum (ett)	['bad‚ru:m]
água (f)	vatten (ett)	['vatən]
torneira (f)	kran (en)	['kran]
água (f) quente	varmvatten (ett)	['varm‚vatən]
água (f) fria	kallvatten (ett)	['kalʲ‚vatən]
pasta (f) de dentes	tandkräm (en)	['tand‚krɛm]
escovar os dentes	att borsta tänderna	[at 'bɔ:ʂta 'tɛndɛ:ɳa]
escova (f) de dentes	tandborste (en)	['tand‚bɔ:ʂtə]
barbear-se (vr)	att raka sig	[at 'raka sɛj]
espuma (f) de barbear	raklödder (ett)	['rak‚lʲødər]
máquina (f) de barbear	hyvel (en)	['hyvəlʲ]
lavar (vt)	att tvätta	[at 'tvæta]
lavar-se (vr)	att tvätta sig	[at 'tvæta sɛj]
duche (m)	dusch (en)	['duʃ]
tomar um duche	att duscha	[at 'duʃa]
banheira (f)	badkar (ett)	['bad‚kar]
sanita (f)	toalettstol (en)	[tʊa'lʲet‚stʊlʲ]

lavatório (m)	handfat (ett)	['hand,fat]
sabonete (m)	tvål (en)	['tvo:lʲ]
saboneteira (f)	tvålskål (en)	['tvo:lʲ,sko:lʲ]
esponja (f)	svamp (en)	['svamp]
champô (m)	schampo (ett)	['ɧam,pʊ]
toalha (f)	handduk (en)	['hand,dʉ:k]
roupão (m) de banho	morgonrock (en)	['mɔrgɔn,rɔk]
lavagem (f)	tvätt (en)	['tvæt]
máquina (f) de lavar	tvättmaskin (en)	['tvæt,ma'ɧi:n]
lavar a roupa	att tvätta kläder	[at 'tvæta 'klʲɛ:dər]
detergente (m)	tvättmedel (ett)	['tvæt,medəlʲ]

73. Eletrodomésticos

televisor (m)	teve (en)	['teve]
gravador (m)	bandspelare (en)	['band,spelʲarə]
videogravador (m)	video (en)	['videʊ]
rádio (m)	radio (en)	['radiʊ]
leitor (m)	spelare (en)	['spelʲarə]
projetor (m)	videoprojektor (en)	['videʊ prʊ'jɛktʊr]
cinema (m) em casa	hemmabio (en)	['hɛma,bi:ʊ]
leitor (m) de DVD	DVD spelare (en)	[deve'de: ,spelʲarə]
amplificador (m)	förstärkare (en)	[fœ:'ʂtæ:karə]
console (f) de jogos	spelkonsol (en)	['spelʲ kɔn'sɔlʲ]
câmara (f) de vídeo	videokamera (en)	['videʊ,kamera]
máquina (f) fotográfica	kamera (en)	['kamera]
câmara (f) digital	digitalkamera (en)	[digi'talʲ ,kamera]
aspirador (m)	dammsugare (en)	['dam,sʉgarə]
ferro (m) de engomar	strykjärn (ett)	['stryk,jæ:ɳ]
tábua (f) de engomar	strykbräda (en)	['stryk,brɛ:da]
telefone (m)	telefon (en)	[telʲe'fɔn]
telemóvel (m)	mobiltelefon (en)	[mɔ'bilʲ telʲe'fɔn]
máquina (f) de escrever	skrivmaskin (en)	['skriv,ma'ɧi:n]
máquina (f) de costura	symaskin (en)	['sy,ma'ɧi:n]
microfone (m)	mikrofon (en)	[mikrʊ'fɔn]
auscultadores (m pl)	hörlurar (pl)	['hœ:,lʲʉ:rar]
controlo remoto (m)	fjärrkontroll (en)	['fjæ:r,kɔn'trolʲ]
CD (m)	cd-skiva (en)	['sede ,ɧiva]
cassete (f)	kassett (en)	[ka'sɛt]
disco (m) de vinil	skiva (en)	['ɧiva]

A TERRA. TEMPO

74. Espaço sideral

cosmos (m)	rymden, kosmos (ett)	[rʏmden], ['kosmɔs]
cósmico	rymd-	['rʏmd-]
espaço (m) cósmico	yttre rymd (en)	['ytrə ˌrʏmd]
mundo (m)	värld (en)	['væːɖ]
universo (m)	universum (ett)	[uni'vɛːʂum]
galáxia (f)	galax (en)	[gaˈlʲaks]
estrela (f)	stjärna (en)	[ˈɧæːŋa]
constelação (f)	stjärnbild (en)	[ˈɧæːnˌbilʲd]
planeta (m)	planet (en)	[plʲaˈnet]
satélite (m)	satellit (en)	[satɛˈliːt]
meteorito (m)	meteorit (en)	[meteʊˈrit]
cometa (m)	komet (en)	[kʊˈmet]
asteroide (m)	asteroid (en)	[asterʊˈid]
órbita (f)	bana (en)	[ˈbana]
girar (vi)	att rotera	[at rʊˈtera]
atmosfera (f)	atmosfär (en)	[atmʊˈsfæːr]
Sol (m)	Solen	[ˈsʊlʲən]
Sistema (m) Solar	solsystem (ett)	[ˈsʊlʲ ˌsʏˈstem]
eclipse (m) solar	solförmörkelse (en)	[ˈsʊlʲførˈmœːrkəlʲsə]
Terra (f)	Jorden	[ˈjʊːɖən]
Lua (f)	Månen	[ˈmoːnən]
Marte (m)	Mars	[ˈmaːʂ]
Vénus (f)	Venus	[ˈveːnus]
Júpiter (m)	Jupiter	[ˈjupitər]
Saturno (m)	Saturnus	[saˈtuːŋus]
Mercúrio (m)	Merkurius	[mɛrˈkʉrius]
Urano (m)	Uranus	[ʉˈranus]
Neptuno (m)	Neptunus	[nepˈtʉnus]
Plutão (m)	Pluto	[ˈplʉtʊ]
Via Láctea (f)	Vintergatan	[ˈvintəˌgatan]
Ursa Maior (f)	Stora bjornen	[ˈstʊra ˈbjuːŋən]
Estrela Polar (f)	Polstjärnan	[ˈpʊlʲˌɧæːŋan]
marciano (m)	marsian (en)	[maːʂiˈan]
extraterrestre (m)	utomjording (en)	[ˈʉtɔmˌjuːɖisk]
alienígena (m)	rymdväsen (ett)	[ˈrʏmdˌvɛsən]

disco (m) voador	flygande tefat (ett)	['flʲygandə 'tefat]
nave (f) espacial	rymdskepp (ett)	['rʏmd̩ˌʃɛp]
estação (f) orbital	rymdstation (en)	['rʏmd staˈʃʊn]
lançamento (m)	start (en)	['staːt̩]

motor (m)	motor (en)	['mʊtʊr]
bocal (m)	dysa (en)	['dysa]
combustível (m)	bränsle (ett)	['brɛnslʲe]

cabine (f)	cockpit, flygdäck (en)	['kɔkpit], ['flʏgˌdɛk]
antena (f)	antenn (en)	[anˈtɛn]

vigia (f)	fönster (ett)	['fœnstər]
bateria (f) solar	solbatteri (ett)	['sʊlʲˌbatɛˈriː]
traje (m) espacial	rymddräkt (en)	['rʏmdˌdrɛkt]

imponderabilidade (f)	tyngdlöshet (en)	['tʏŋdlʲøsˌhet]
oxigénio (m)	syre, oxygen (ett)	['syrə], ['oksygən]

acoplagem (f)	dockning (en)	['dɔkniŋ]
fazer uma acoplagem	att docka	[at 'dɔka]

observatório (m)	observatorium (ett)	[ɔbsɛrvaˈtʊrium]
telescópio (m)	teleskop (ett)	[telʲeˈskɔp]

observar (vt)	att observera	[at ɔbsɛrˈvera]
explorar (vt)	att utforska	[at 'ʉtˌfoːʂka]

75. A Terra

Terra (f)	Jorden	['jʉːdən]
globo terrestre (Terra)	jordklot (ett)	['jʉːd̩ˌklʲʊt]
planeta (m)	planet (en)	[plʲaˈnet]

atmosfera (f)	atmosfär (en)	[atmʊˈsfæːr]
geografia (f)	geografi (en)	[jeʊgraˈfiː]
natureza (f)	natur (en)	[naˈtʉːr]

globo (mapa esférico)	glob (en)	['glʲʊb]
mapa (m)	karta (en)	['kaːʈa]
atlas (m)	atlas (en)	['atlʲas]

Europa (f)	Europa	[euˈrʊpa]
Ásia (f)	Asien	['asiən]

África (f)	Afrika	['afrika]
Austrália (f)	Australien	[auˈstraliən]

América (f)	Amerika	[aˈmerika]
América (f) do Norte	Nordamerika	['nʊːd̩ aˈmerika]
América (f) do Sul	Sydamerika	['syd aˈmerika]

Antártida (f)	Antarktis	[anˈtarktis]
Ártico (m)	Arktis	['arktis]

76. Pontos cardeais

norte (m)	**norr**	['nɔr]
para norte	**norrut**	['nɔrʉt]
no norte	**i norr**	[i 'nɔr]
do norte	**nordlig**	['nʉːdlig]
sul (m)	**söder (en)**	['søːdər]
para sul	**söderut**	['søːdərʉt]
no sul	**i söder**	[i 'søːdər]
do sul	**syd-, söder**	['syd-], ['søːdər]
oeste, ocidente (m)	**väster (en)**	['vɛstər]
para oeste	**västerut**	['vɛstərʉt]
no oeste	**i väst**	[i vɛst]
ocidental	**västra**	['vɛstra]
leste, oriente (m)	**öster (en)**	['œstər]
para leste	**österut**	['œstərʉt]
no leste	**i öst**	[i 'œst]
oriental	**östra**	['œstra]

77. Mar. Oceano

mar (m)	**hav (ett)**	['hav]
oceano (m)	**ocean (en)**	[ʉsə'an]
golfo (m)	**bukt (en)**	['bukt]
estreito (m)	**sund (ett)**	['sund]
terra (f) firme	**fastland (ett)**	['fastˌlʲand]
continente (m)	**fastland (ett), kontinent (en)**	['fastˌlʲand], [kɔnti'nɛnt]
ilha (f)	**ö (en)**	['øː]
península (f)	**halvö (en)**	['halʲvˌøː]
arquipélago (m)	**skärgård, arkipelag (en)**	['ɧæːrˌgoːd], [arkipe'lʲag]
baía (f)	**bukt (en)**	['bukt]
porto (m)	**hamn (en)**	['hamn]
lagoa (f)	**lagun (en)**	[lʲa'gʉːn]
cabo (m)	**udde (en)**	['udə]
atol (m)	**atoll (en)**	[a'tɔlʲ]
recife (m)	**rev (ett)**	['rev]
coral (m)	**korall (en)**	[kɔ'ralʲ]
recife (m) de coral	**korallrev (ett)**	[kɔ'ralʲˌrev]
profundo	**djup**	['jʉːp]
profundidade (f)	**djup (ett)**	['jʉːp]
abismo (m)	**avgrund (en)**	['avˌgrund]
fossa (f) oceânica	**djuphavsgrav (en)**	['jʉːphavsˌgrav]
corrente (f)	**ström (en)**	['strøːm]
banhar (vt)	**att omge**	[at 'ɔmje]
litoral (m)	**kust (en)**	['kust]

costa (f)	kust (en)	['kust]
maré (f) alta	flod (en)	['flʉd]
refluxo (m), maré (f) baixa	ebb (en)	['ɛb]
restinga (f)	sandbank (en)	['sand͵baŋk]
fundo (m)	botten (en)	['bɔtən]
onda (f)	våg (en)	['vo:g]
crista (f) da onda	vågkam (en)	['vo:g͵kam]
espuma (f)	skum (ett)	['skum]
tempestade (f)	storm (en)	['stɔrm]
furacão (m)	orkan (en)	[ɔr'kan]
tsunami (m)	tsunami (en)	[tsu'nami]
calmaria (f)	stiltje (en)	['stilˡtjə]
calmo	stilla	['stilˡa]
polo (m)	pol (en)	['pʉlˡ]
polar	pol-, polar-	['pʉlˡ-], [pʉ'lˡar-]
latitude (f)	latitud (en)	[lˡati'tʉ:d]
longitude (f)	longitud (en)	[lˡɔŋi'tʉ:d]
paralela (f)	breddgrad (en)	['brɛd͵grad]
equador (m)	ekvator (en)	[ɛ'kvatʉr]
céu (m)	himmel (en)	['himəlˡ]
horizonte (m)	horisont (en)	[hʉri'sɔnt]
ar (m)	luft (en)	['lʉft]
farol (m)	fyr (en)	['fyr]
mergulhar (vi)	att dyka	[at 'dyka]
afundar-se (vr)	att sjunka	[at 'ɧuŋka]
tesouros (m pl)	skatter (pl)	['skatər]

78. Nomes de Mares e Oceanos

Oceano (m) Atlântico	Atlanten	[at'lˡantən]
Oceano (m) Índico	Indiska oceanen	['indiska ʉse'anən]
Oceano (m) Pacífico	Stilla havet	['stilˡa 'havɛt]
Oceano (m) Ártico	Norra ishavet	['nɔra ͵is'havɛt]
Mar (m) Negro	Svarta havet	['sva:ʈa 'havɛt]
Mar (m) Vermelho	Röda havet	['rø:da 'havɛt]
Mar (m) Amarelo	Gula havet	['gʉ:lˡa 'havɛt]
Mar (m) Branco	Vita havet	['vita 'havɛt]
Mar (m) Cáspio	Kaspiska havet	['kaspiska 'havɛt]
Mar (m) Morto	Döda havet	['dø:da 'havɛt]
Mar (m) Mediterrâneo	Medelhavet	['medəlˡ͵havɛt]
Mar (m) Egeu	Egeiska havet	[ɛ'gejska 'havɛt]
Mar (m) Adriático	Adriatiska havet	[adri'atiska 'havɛt]
Mar (m) Arábico	Arabiska havet	[a'rabiska 'havɛt]
Mar (m) do Japão	Japanska havet	[ja'panska 'havɛt]

Mar (m) de Bering	**Beringshavet**	['berings̩havɛt]
Mar (m) da China Meridional	**Sydkinesiska havet**	['sydç̩i̩nesiska 'havɛt]
Mar (m) de Coral	**Korallhavet**	[kɔ'ralʲ̩havɛt]
Mar (m) de Tasman	**Tasmanhavet**	[tas'man̩havɛt]
Mar (m) do Caribe	**Karibiska havet**	[ka'ribiska 'havɛt]
Mar (m) de Barents	**Barentshavet**	['barɛnts̩havɛt]
Mar (m) de Kara	**Karahavet**	['kara̩havɛt]
Mar (m) do Norte	**Nordsjön**	['nʊːd̩ɧøːn]
Mar (m) Báltico	**Östersjön**	['œstɛː̩ɧøːn]
Mar (m) da Noruega	**Norska havet**	['nɔːʂka 'havɛt]

79. Montanhas

montanha (f)	**berg (ett)**	['bɛrj]
cordilheira (f)	**bergskedja (en)**	['bɛrj̩ç̩edja]
serra (f)	**bergsrygg (en)**	['bɛrjs̩rʏg]
cume (m)	**topp (en)**	['tɔp]
pico (m)	**tinne (en)**	['tinə]
sopé (m)	**fot (en)**	['fʊt]
declive (m)	**sluttning (en)**	['slʉːtniŋ]
vulcão (m)	**vulkan (en)**	[vulʲ'kan]
vulcão (m) ativo	**verksam vulkan (en)**	['vɛrksam vulʲ'kan]
vulcão (m) extinto	**slocknad vulkan (en)**	['slʲɔknad vulʲ'kan]
erupção (f)	**utbrott (ett)**	['ʉt̩brɔt]
cratera (f)	**krater (en)**	['kratər]
magma (m)	**magma (en)**	['magma]
lava (f)	**lava (en)**	['lʲava]
fundido (lava ~a)	**glödgad**	['glʲœdgad]
desfiladeiro (m)	**kanjon (en)**	['kanjon]
garganta (f)	**klyfta (en)**	['klʲyfta]
fenda (f)	**skreva (en)**	['skreva]
precipício (m)	**avgrund (en)**	['av̩grʉnd]
passo, colo (m)	**pass (ett)**	['pas]
planalto (m)	**platå (en)**	[plʲa'toː]
falésia (f)	**klippa (en)**	['klipa]
colina (f)	**kulle, backe (en)**	['kulʲə], ['bakə]
glaciar (m)	**glaciär, jökel (en)**	[glʲas'jæːr], ['jøːkəlʲ]
queda (f) d'água	**vattenfall (ett)**	['vatən̩falʲ]
géiser (m)	**gejser (en)**	['gɛjsər]
lago (m)	**sjö (en)**	['ɧøː]
planície (f)	**slätt (en)**	['slʲæt]
paisagem (f)	**landskap (ett)**	['lʲaŋ̩skap]
eco (m)	**eko (ett)**	['ɛkʊ]
alpinista (m)	**alpinist (en)**	['alʲpi̩nist]

escalador (m)	bergsbestigare (en)	['bɛrjs͵be'stigarə]
conquistar (vt)	att erövra	[at ɛ'rœvra]
subida, escalada (f)	bestigning (en)	[be'stigniŋ]

80. Nomes de montanhas

Alpes (m pl)	Alperna	['alˡpɛ:ŋa]
monte Branco (m)	Mont Blanc	[͵mɔn'blˡaŋ]
Pirineus (m pl)	Pyrenéerna	[pyre'neæ:ŋa]

Cárpatos (m pl)	Karpaterna	[kar'patɛ:ŋa]
montes (m pl) Urais	Uralbergen	[ʉ'ralˡ͵bɛrjən]
Cáucaso (m)	Kaukasus	['kaukasus]
Elbrus (m)	Elbrus	['ɛlˡbrʉs]

Altai (m)	Altaj	[alˡ'taj]
Tian Shan (m)	Tian Shan	[ti'an͵ʃan]
Pamir (m)	Pamir	[pa'mir]
Himalaias (m pl)	Himalaya	[hi'malˡaja]
monte (m) Everest	Everest	[ɛve'rɛst]

| Cordilheira (f) dos Andes | Anderna | ['andɛ:ŋa] |
| Kilimanjaro (m) | Kilimanjaro | [kiliman'jarʊ] |

81. Rios

rio (m)	älv, flod (en)	['ɛlˡv], ['flˡʊd]
fonte, nascente (f)	källa (en)	['ɕɛlˡa]
leito (m) do rio	flodbädd (en)	['flˡʊd͵bɛd]
bacia (f)	flodbassäng (en)	['flˡʊd͵ba'sɛŋ]
desaguar no ...	att mynna ut ...	[at 'mʏna ʉt ...]

| afluente (m) | biflod (en) | ['bi͵flˡʊd] |
| margem (do rio) | strand (en) | ['strand] |

corrente (f)	ström (en)	['strø:m]
rio abaixo	nedströms	['nɛd͵strœms]
rio acima	motströms	['mʊt͵strœms]

inundação (f)	översvämning (en)	['ø:və͵svɛmniŋ]
cheia (f)	flöde (ett)	['flˡø:də]
transbordar (vi)	att flöda över	[at 'flˡø:da ͵ø:vər]
inundar (vt)	att översvämma	[at 'ø:və͵svɛma]

| banco (m) de areia | grund (ett) | ['grʉnd] |
| rápidos (m pl) | forsar (pl) | [fo'ʂar] |

barragem (f)	damm (en)	['dam]
canal (m)	kanal (en)	[ka'nalˡ]
reservatório (m) de água	reservoar (ett)	[resɛrvʊ'a:r]
eclusa (f)	sluss (en)	['slʉ:s]
corpo (m) de água	vattensamling (en)	['vatən͵samliŋ]

pântano (m)	myr, mosse (en)	['myr], ['mʊsə]
tremedal (m)	gungfly (ett)	['gʊŋ͵fly]
remoinho (m)	strömvirvel (en)	['strø:m͵virvəlˠ]

arroio, regato (m)	bäck (en)	['bɛk]
potável	dricks-	['driks-]
doce (água)	söt-, färsk-	['sø:t-], ['fæ:ʂk-]

| gelo (m) | is (en) | ['is] |
| congelar-se (vr) | att frysa till | [at 'frysa tilˠ] |

82. Nomes de rios

| rio Sena (m) | Seine | ['sɛ:n] |
| rio Loire (m) | Loire | [lˠu'a:r] |

rio Tamisa (m)	Themsen	['tɛmsən]
rio Reno (m)	Rhen	['ren]
rio Danúbio (m)	Donau	['dɔnaʊ]

rio Volga (m)	Volga	['volˠga]
rio Don (m)	Don	['dɔn]
rio Lena (m)	Lena	['lˠena]

rio Amarelo (m)	Hwang-ho	[huaŋ'hʊ]
rio Yangtzé (m)	Yangtze	['jɑŋtsə]
rio Mekong (m)	Mekong	[me'kɔŋ]
rio Ganges (m)	Ganges	['gaŋəs]

rio Nilo (m)	Nilen	['nilˠen]
rio Congo (m)	Kongo	['kɔŋgʊ]
rio Cubango (m)	Okavango	[ɔka'vaŋgʊ]
rio Zambeze (m)	Zambezi	[sam'besi]
rio Limpopo (m)	Limpopo	[lim'pɔpɔ]
rio Mississípi (m)	Mississippi	[misi'sipi]

83. Floresta

| floresta (f), bosque (m) | skog (en) | ['skʊg] |
| florestal | skogs- | ['skʊgs-] |

mata (f) cerrada	tät skog (en)	['tɛt ͵skʊg]
arvoredo (m)	lund (en)	['lʉnd]
clareira (f)	glänta (en)	['glˠɛnta]

| matagal (m) | snår (ett) | ['sno:r] |
| mato (m) | buskterräng (en) | ['busk tɛ'rɛŋ] |

vereda (f)	stig (en)	['stig]
ravina (f)	ravin (en)	[ra'vin]
árvore (f)	träd (ett)	['trɛ:d]
folha (f)	löv (ett)	['lˠø:v]

folhagem (f)	löv, lövverk (ett)	['lʲøːv], ['lʲøːværk]
queda (f) das folhas	lövfällning (en)	['lʲøːvˌfɛlʲniŋ]
cair (vi)	att falla	[at 'falʲa]
topo (m)	trädtopp (en)	['trɛːˌtɔp]

ramo (m)	gren, kvist (en)	['gren], ['kvist]
galho (m)	gren (en)	['gren]
botão, rebento (m)	knopp (en)	['knɔp]
agulha (f)	nål (en)	['noːlʲ]
pinha (f)	kotte (en)	['kɔtə]

buraco (m) de árvore	trädhål (ett)	['trɛːdˌhoːlʲ]
ninho (m)	bo (ett)	['bʊ]
toca (f)	lya, håla (en)	['lʲya], ['hoːlʲa]

tronco (m)	stam (en)	['stam]
raiz (f)	rot (en)	['rʊt]
casca (f) de árvore	bark (en)	['bark]
musgo (m)	mossa (en)	['mɔsa]

arrancar pela raiz	att rycka upp med rötterna	[at 'rʏka up me 'rœttɛːŋa]
cortar (vt)	att fälla	[at 'fɛlʲa]
desflorestar (vt)	att hugga ner	[at 'huga ner]
toco, cepo (m)	stubbe (en)	['stubə]

fogueira (f)	bål (ett)	['boːlʲ]
incêndio (m) florestal	skogsbrand (en)	['skʊgsˌbrand]
apagar (vt)	att släcka	[at 'slʲɛka]

guarda-florestal (m)	skogsvakt (en)	['skʊgsˌvakt]
proteção (f)	värn, skydd (ett)	['væːn], [ɧʏd]
proteger (a natureza)	att skydda	[at 'ɧʏda]
caçador (m) furtivo	tjuvskytt (en)	['ɕʉːvˌɧʏt]
armadilha (f)	sax (en)	['saks]

| colher (cogumelos, bagas) | att plocka | [at 'plʲɔka] |
| perder-se (vr) | att gå vilse | [at 'goː 'vilʲsə] |

84. Recursos naturais

recursos (m pl) naturais	naturresurser (pl)	[na'tʉːr re'sursər]
minerais (m pl)	mineraler (pl)	[mine'ralʲər]
depósitos (m pl)	fyndigheter (pl)	['fʏndiˌhetər]
jazida (f)	fält (ett)	['fɛlʲt]

extrair (vt)	att utvinna	[at 'ʉtˌvina]
extração (f)	utvinning (en)	['ʉtˌviniŋ]
minério (m)	malm (en)	['malʲm]
mina (f)	gruva (en)	['grʉva]
poço (m) de mina	gruvschakt (ett)	['grʉːvˌɧakt]
mineiro (m)	gruvarbetare (en)	['grʉːvˌarˈbetarə]

| gás (m) | gas (en) | ['gas] |
| gasoduto (m) | gasledning (en) | ['gasˌlʲedniŋ] |

petróleo (m)	olja (en)	['ɔlja]
oleoduto (m)	oljeledning (en)	['ɔljəˌlʲednin]
poço (m) de petróleo	oljekälla (en)	['ɔljəˌçæla]
torre (f) petrolífera	borrtorn (ett)	['borˌtuːn]
petroleiro (m)	tankfartyg (ett)	['taŋkˌfaːˈtyg]

areia (f)	sand (en)	['sand]
calcário (m)	kalksten (en)	[kalʲkˌsten]
cascalho (m)	grus (ett)	['grɵːs]
turfa (f)	torv (en)	['tɔrv]
argila (f)	lera (en)	['lʲera]
carvão (m)	kol (ett)	['kɔlʲ]

ferro (m)	järn (ett)	['jæːn]
ouro (m)	guld (ett)	['gulʲd]
prata (f)	silver (ett)	['silʲvər]
níquel (m)	nickel (en)	['nikəlʲ]
cobre (m)	koppar (en)	['kopar]

zinco (m)	zink (en)	['siŋk]
manganês (m)	mangan (en)	[man'gan]
mercúrio (m)	kvicksilver (ett)	['kvikˌsilʲvər]
chumbo (m)	bly (ett)	['blʲy]

mineral (m)	mineral (ett)	[minə'ralʲ]
cristal (m)	kristall (en)	[kri'stalʲ]
mármore (m)	marmor (en)	['marmʊr]
urânio (m)	uran (ett)	[ʉ'ran]

85. Tempo

tempo (m)	väder (ett)	['vɛːdər]
previsão (f) do tempo	väderprognos (en)	['vɛːdərˌprɔg'nɔːs]
temperatura (f)	temperatur (en)	[tɛmpəra'tʉːr]
termómetro (m)	termometer (en)	[tɛrmʊ'metər]
barómetro (m)	barometer (en)	[barʊ'metər]

húmido	fuktig	['fuːktig]
humidade (f)	fuktighet (en)	['fuːktigˌhet]
calor (m)	hetta (en)	['hɛta]
cálido	het	['het]
está muito calor	det är hett	[dɛ æːr 'hɛt]

| está calor | det är varmt | [dɛ æːr varmt] |
| quente | varm | ['varm] |

| está frio | det är kallt | [dɛ æːr 'kalʲt] |
| frio | kall | ['kalʲ] |

sol (m)	sol (en)	['sʊlʲ]
brilhar (vi)	att skina	[at 'ɧina]
de sol, ensolarado	solig	['sʊlig]
nascer (vi)	att gå upp	[at 'goː 'up]
pôr-se (vr)	att gå ner	[at 'goː ˌner]

nuvem (f)	moln (ett), sky (en)	['mɔlⁱn], ['ɧy]
nublado	molnig	['mɔlⁱnig]
nuvem (f) preta	regnmoln (ett)	['rɛgn͵mɔlⁱn]
escuro, cinzento	mörk, mulen	['mœ:rk], ['mʉ:lⁱen]
chuva (f)	regn (ett)	['rɛgn]
está a chover	det regnar	[dɛ 'rɛgnar]
chuvoso	regnväders-	['rɛgn͵vɛdəʂ-]
chuviscar (vi)	att duggregna	[at 'dug͵rɛgna]
chuva (f) torrencial	hällande regn (ett)	['hɛlⁱandə 'rɛgn]
chuvada (f)	spöregn (ett)	['spø:͵rɛgn]
forte (chuva)	kraftigt, häftigt	['kraftigt], ['hɛftigt]
poça (f)	pöl, vattenpuss (en)	['pø:lⁱ], ['vatən͵pus]
molhar-se (vr)	att bli våt	[at bli 'vo:t]
nevoeiro (m)	dimma (en)	['dima]
de nevoeiro	dimmig	['dimig]
neve (f)	snö (en)	['snø:]
está a nevar	det snöar	[dɛ 'snø:ar]

86. Tempo extremo. Catástrofes naturais

trovoada (f)	åskväder (ett)	['ɔsk͵vɛdər]
relâmpago (m)	blixt (en)	['blikst]
relampejar (vi)	att blixtra	[at 'blikstra]
trovão (m)	åska (en)	['ɔska]
trovejar (vi)	att åska	[at 'ɔska]
está a trovejar	det åskar	[dɛ 'ɔskar]
granizo (m)	hagel (ett)	['hagəlⁱ]
está a cair granizo	det haglar	[dɛ 'haglⁱar]
inundar (vt)	att översvämma	[at 'ø:və͵svɛma]
inundação (f)	översvämning (en)	['ø:və͵svɛmniŋ]
terremoto (m)	jordskalv (ett)	['ju:d͵skalv]
abalo, tremor (m)	skalv (ett)	['skalⁱv]
epicentro (m)	epicentrum (ett)	[ɛpi'sɛntrum]
erupção (f)	utbrott (ett)	['ʉt͵brɔt]
lava (f)	lava (en)	['lⁱava]
turbilhão (m)	tromb (en)	['trɔmb]
tornado (m)	tornado (en)	[tʊ'ɳadʊ]
tufão (m)	tyfon (en)	[ty'fon]
furacão (m)	orkan (en)	[ɔr'kan]
tempestade (f)	storm (en)	['stɔrm]
tsunami (m)	tsunami (en)	[tsu'nami]
ciclone (m)	cyklon (en)	[tsʏ'klⁱon]
mau tempo (m)	oväder (ett)	[ʊ:'vɛ:dər]

incêndio (m)	**brand (en)**	['brand]
catástrofe (f)	**katastrof (en)**	[kata'strɔf]
meteorito (m)	**meteorit (en)**	[meteʊ'rit]
avalanche (f)	**lavin (en)**	[lʲa'vin]
deslizamento (m) de neve	**snöskred, snöras (ett)**	['snø:ˌskred], ['snø:ˌras]
nevasca (f)	**snöstorm (en)**	['snø:ˌstɔrm]
tempestade (f) de neve	**snöstorm (en)**	['snø:ˌstɔrm]

FAUNA

87. Mamíferos. Predadores

predador (m)	rovdjur (ett)	['rʊvˌjɵːr]
tigre (m)	tiger (en)	['tigər]
leão (m)	lejon (ett)	['lʲejɔn]
lobo (m)	ulv (en)	['ulʲv]
raposa (f)	räv (en)	['rɛːv]

jaguar (m)	jaguar (en)	[jaguar]
leopardo (m)	leopard (en)	[lʲeʊ'paːd]
chita (f)	gepard (en)	[je'paːd]

pantera (f)	panter (en)	['pantər]
puma (m)	puma (en)	['pɵːma]
leopardo-das-neves (m)	snöleopard (en)	['snø: lʲeʊ'paːd]
lince (m)	lodjur (ett), lo (en)	['lʲʊˌjɵːr], ['lʲʊ]

coiote (m)	koyot, prärievarg (en)	[kɔ'jʊt], ['præ:rieˌvarj]
chacal (m)	sjakal (en)	[ʃa'kalʲ]
hiena (f)	hyena (en)	[hy'ena]

88. Animais selvagens

animal (m)	djur (ett)	['jɵːr]
besta (f)	best (en), djur (ett)	['bɛst], ['jɵːr]

esquilo (m)	ekorre (en)	['ɛkɔre]
ouriço (m)	igelkott (en)	['igelʲˌkɔt]
lebre (f)	hare (en)	['harə]
coelho (m)	kanin (en)	[ka'nin]

texugo (m)	grävling (en)	['grɛvliŋ]
guaxinim (m)	tvättbjörn (en)	['tvæt,bjøːn]
hamster (m)	hamster (en)	['hamstər]
marmota (f)	murmeldjur (ett)	['murmelʲ jɵːr]

toupeira (f)	mullvad (en)	['mulʲˌvad]
rato (m)	mus (en)	['mɵːs]
ratazana (f)	råtta (en)	['rɔta]
morcego (m)	fladdermus (en)	['flʲadərˌmɵːs]

arminho (m)	hermelin (en)	[hɛrme'lin]
zibelina (f)	sobel (en)	['sɔbəlʲ]
marta (f)	mård (en)	['moːd]
doninha (f)	vessla (en)	['vɛslʲa]
vison (m)	mink (en)	['miŋk]

castor (m)	bäver (en)	['bɛ:vər]
lontra (f)	utter (en)	['ʉ:tər]
cavalo (m)	häst (en)	['hɛst]
alce (m)	älg (en)	['ɛlj]
veado (m)	hjort (en)	['jʊ:t]
camelo (m)	kamel (en)	[ka'melʲ]
bisão (m)	bison (en)	['bisɔn]
auroque (m)	uroxe (en)	['ʉˌroksə]
búfalo (m)	buffel (en)	['bufəlʲ]
zebra (f)	sebra (en)	['sebra]
antílope (m)	antilop (en)	[anti'lʲʊp]
corça (f)	rådjur (ett)	['rɔ:jʉ:r]
gamo (m)	dovhjort (en)	['dɔvˌjʊ:t]
camurça (f)	gems (en)	['jɛms]
javali (m)	vildsvin (ett)	['vilʲdˌsvin]
baleia (f)	val (en)	['valʲ]
foca (f)	säl (en)	['sɛ:lʲ]
morsa (f)	valross (en)	['valʲˌrɔs]
urso-marinho (m)	pälssäl (en)	['pɛlʲsˌsɛlʲ]
golfinho (m)	delfin (en)	[dɛlʲ'fin]
urso (m)	björn (en)	['bjø:ɳ]
urso (m) branco	isbjörn (en)	['isˌbjø:ɳ]
panda (m)	panda (en)	['panda]
macaco (em geral)	apa (en)	['apa]
chimpanzé (m)	schimpans (en)	[ɧim'pans]
orangotango (m)	orangutang (en)	[ʊ'raŋguˌtaŋ]
gorila (m)	gorilla (en)	[gɔ'rilʲa]
macaco (m)	makak (en)	[ma'kak]
gibão (m)	gibbon (en)	[gi'bʊn]
elefante (m)	elefant (en)	[ɛlʲe'fant]
rinoceronte (m)	noshörning (en)	['nʊsˌhø:ɳiŋ]
girafa (f)	giraff (en)	[ɧi'raf]
hipopótamo (m)	flodhäst (en)	['flʲʊdˌhɛst]
canguru (m)	känguru (en)	['ɕɛngurʊ]
coala (m)	koala (en)	[kʊ'alʲa]
mangusto (m)	mangust, mungo (en)	['mangust], ['muŋgʊ]
chinchila (m)	chinchilla (en)	[ɧin'ɧilʲa]
doninha-fedorenta (f)	skunk (en)	['skuŋk]
porco-espinho (m)	piggsvin (ett)	['pigˌsvin]

89. Animais domésticos

gata (f)	katt (en)	['kat]
gato (m) macho	hankatt (en)	['hanˌkat]
cão (m)	hund (en)	['hund]

cavalo (m)	häst (en)	['hɛst]
garanhão (m)	hingst (en)	['hiŋst]
égua (f)	sto (ett)	['stʊː]
vaca (f)	ko (en)	['kɔː]
touro (m)	tjur (en)	['ɕʉːr]
boi (m)	oxe (en)	['ʊksə]
ovelha (f)	får (ett)	['foːr]
carneiro (m)	bagge (en)	['bagə]
cabra (f)	get (en)	['jet]
bode (m)	getabock (en)	['jeta‚bɔk]
burro (m)	åsna (en)	['ɔsna]
mula (f)	mula (en)	['mʉlʲa]
porco (m)	svin (ett)	['svin]
leitão (m)	griskulting (en)	['gris‚kulʲtiŋ]
coelho (m)	kanin (en)	[ka'nin]
galinha (f)	höna (en)	['høːna]
galo (m)	tupp (en)	['tup]
pata (f)	anka (en)	['aŋka]
pato (macho)	andrik, andrake (en)	['andrik], ['andrakə]
ganso (m)	gås (en)	['goːs]
peru (m)	kalkontupp (en)	[kalʲ'kʊn‚tup]
perua (f)	kalkonhöna (en)	[kalʲ'kʊn‚høːna]
animais (m pl) domésticos	husdjur (pl)	['hʉsˌjʉːr]
domesticado	tam	['tam]
domesticar (vt)	att tämja	[at 'tɛmja]
criar (vt)	att avla, att föda upp	[at 'avlʲa], [at 'føːda up]
quinta (f)	farm, lantgård (en)	[farm], ['lʲantˌgoːd]
aves (f pl) domésticas	fjäderfä (ett)	['fjɛːdərˌfɛː]
gado (m)	boskap (en)	['bʊskap]
rebanho (m), manada (f)	hjord (en)	['jʉːd]
estábulo (m)	stall (ett)	['stalʲ]
pocilga (f)	svinstia (en)	['svinˌstia]
estábulo (m)	ladugård (en), kostall (ett)	['lʲadʉˌgoːd], ['kostalʲ]
coelheira (f)	kaninbur (en)	[ka'ninˌbʉːr]
galinheiro (m)	hönshus (ett)	['høːnsˌhʉs]

90. Pássaros

pássaro (m), ave (f)	fågel (en)	['foːgəlʲ]
pombo (m)	duva (en)	['dʉːva]
pardal (m)	sparv (en)	['sparv]
chapim-real (m)	talgoxe (en)	['taljʉksə]
pega-rabuda (f)	skata (en)	['skata]
corvo (m)	korp (en)	['kɔrp]

gralha (f) cinzenta	kråka (en)	['kro:ka]
gralha-de-nuca-cinzenta (f)	kaja (en)	['kaja]
gralha-calva (f)	råka (en)	['ro:ka]
pato (m)	anka (en)	['aŋka]
ganso (m)	gås (en)	['go:s]
faisão (m)	fasan (en)	[fa'san]
águia (f)	örn (en)	['ø:ɳ]
açor (m)	hök (en)	['hø:k]
falcão (m)	falk (en)	['falʲk]
abutre (m)	gam (en)	['gam]
condor (m)	kondor (en)	['kɔn‚dor]
cisne (m)	svan (en)	['svan]
grou (m)	trana (en)	['trana]
cegonha (f)	stork (en)	['stɔrk]
papagaio (m)	papegoja (en)	[pape'gɔja]
beija-flor (m)	kolibri (en)	['kɔlibri]
pavão (m)	påfågel (en)	['po:‚fo:gəlʲ]
avestruz (m)	struts (en)	['struts]
garça (f)	häger (en)	['hɛ:gər]
flamingo (m)	flamingo (en)	[flʲa'mingɔ]
pelicano (m)	pelikan (en)	[peli'kan]
rouxinol (m)	näktergal (en)	['nɛktə‚galʲ]
andorinha (f)	svala (en)	['svalʲa]
tordo-zornal (m)	trast (en)	['trast]
tordo-músico (m)	sångtrast (en)	['sɔŋ‚trast]
melro-preto (m)	koltrast (en)	['kɔlʲ‚trast]
andorinhão (m)	tornseglare, tornsvala (en)	['tʊ:ɳ‚seglarə], ['tʊ:ɳ‚svalʲa]
cotovia (f)	lärka (en)	['lʲæ:rka]
codorna (f)	vaktel (en)	['vaktəlʲ]
pica-pau (m)	hackspett (en)	['hak‚spet]
cuco (m)	gök (en)	['jø:k]
coruja (f)	uggla (en)	['uglʲa]
corujão, bufo (m)	berguv (en)	['bɛrj‚ʉ:v]
tetraz-grande (m)	tjäder (en)	['ɕɛ:dər]
tetraz-lira (m)	orre (en)	['ɔrə]
perdiz-cinzenta (f)	rapphöna (en)	['rap‚hø:na]
estorninho (m)	stare (en)	['starə]
canário (m)	kanariefågel (en)	[ka'nariə‚fo:gəlʲ]
galinha-do-mato (f)	järpe (en)	['jæ:rpə]
tentilhão (m)	bofink (en)	['bʊ‚fiŋk]
dom-fafe (m)	domherre (en)	['dʊmhɛrə]
gaivota (f)	mås (en)	['mo:s]
albatroz (m)	albatross (en)	['alʲba‚trɔs]
pinguim (m)	pingvin (en)	[piŋ'vin]

91. Peixes. Animais marinhos

brema (f)	brax (en)	['braks]
carpa (f)	karp (en)	['karp]
perca (f)	ábborre (en)	['abɔrə]
siluro (m)	mal (en)	['malʲ]
lúcio (m)	gädda (en)	['jɛda]

salmão (m)	lax (en)	['lʲaks]
esturjão (m)	stör (en)	['støːr]

arenque (m)	sill (en)	['silʲ]
salmão (m)	atlanterhavslax (en)	[at'lantərhav,lʲaks]
cavala, sarda (f)	makrill (en)	['makrilʲ]
solha (f)	rödspätta (en)	['røːdˌspæta]

lúcio perca (m)	gös (en)	['jøːs]
bacalhau (m)	torsk (en)	['tɔːʂk]
atum (m)	tonfisk (en)	['tʊnˌfisk]
truta (f)	öring (en)	['øːriŋ]

enguia (f)	ål (en)	['oːlʲ]
raia elétrica (f)	elektrisk rocka (en)	[ɛ'lʲektriskˌrɔka]
moreia (f)	muräna (en)	[mʉ'rɛna]
piranha (f)	piraya (en)	[pi'raja]

tubarão (m)	haj (en)	['haj]
golfinho (m)	delfin (en)	[dɛlʲ'fin]
baleia (f)	val (en)	['valʲ]

caranguejo (m)	krabba (en)	['kraba]
medusa, alforreca (f)	manet, medusa (en)	[ma'net], [me'dʉsa]
polvo (m)	bläckfisk (en)	['blʲɛkˌfisk]

estrela-do-mar (f)	sjöstjärna (en)	['ɧøːˌɧæːɲa]
ouriço-do-mar (m)	sjöpiggsvin (ett)	['ɧøːˌpigsvin]
cavalo-marinho (m)	sjöhäst (en)	['ɧøːˌhɛst]

ostra (f)	ostron (ett)	['ʊstrʊn]
camarão (m)	räka (en)	['rɛːka]
lavagante (m)	hummer (en)	['humər]
lagosta (f)	languster (en)	[lʲaŋ'gustər]

92. Amfíbios. Répteis

serpente, cobra (f)	orm (en)	['ʊrm]
venenoso	giftig	['jiftig]

víbora (f)	huggorm (en)	['hʉgˌʊrm]
cobra-capelo, naja (f)	kobra (en)	['kɔbra]
pitão (m)	pytonorm (en)	[py'tɔnˌʊrm]
jiboia (f)	boaorm (en)	['bʊaˌʊrm]
cobra-de-água (f)	snok (en)	['snʊk]

cascavel (f)	**skallerorm (en)**	['skalʲer‚ʊrm]
anaconda (f)	**anaconda (en)**	[ana'kɔnda]

lagarto (m)	**ödla (en)**	['ødlʲa]
iguana (f)	**iguana (en)**	[igu'ana]
varano (m)	**varan (en)**	[va'ran]
salamandra (f)	**salamander (en)**	[salʲa'mandər]
camaleão (m)	**kameleont (en)**	[kamelʲe'ɔnt]
escorpião (m)	**skorpion (en)**	[skɔrpi'ʊn]

tartaruga (f)	**sköldpadda (en)**	['ɧœlʲd‚pada]
rã (f)	**groda (en)**	['grʊda]
sapo (m)	**padda (en)**	['pada]
crocodilo (m)	**krokodil (en)**	[krɔkɔ'dilʲ]

93. Insetos

inseto (m)	**insekt (en)**	['insɛkt]
borboleta (f)	**fjäril (en)**	['fʲæ:rilʲ]
formiga (f)	**myra (en)**	['myra]
mosca (f)	**fluga (en)**	['flʉ:ga]
mosquito (m)	**mygga (en)**	['mʏga]
escaravelho (m)	**skalbagge (en)**	['skalʲ‚bagə]

vespa (f)	**geting (en)**	['jɛtiŋ]
abelha (f)	**bi (ett)**	['bi]
mamangava (f)	**humla (en)**	['humlʲa]
moscardo (m)	**styngfluga (en)**	['stʏŋ‚flʉ:ga]

aranha (f)	**spindel (en)**	['spindəlʲ]
teia (f) de aranha	**spindelnät (ett)**	['spindəl‚nɛ:t]

libélula (f)	**trollslända (en)**	['trɔlʲ‚slʲɛnda]
gafanhoto-do-campo (m)	**gräshoppa (en)**	['grɛs‚hɔpa]
traça (f)	**nattfjäril (en)**	['nat‚fʲæ:rilʲ]

barata (f)	**kackerlacka (en)**	['kakɛ:‚lʲaka]
carraça (f)	**fästing (en)**	['fɛstiŋ]
pulga (f)	**loppa (en)**	['lʲɔpa]
borrachudo (m)	**knott (ett)**	['knot]

gafanhoto (m)	**vandringsgräshoppa (en)**	['vandriŋ‚grɛs'hɔparə]
caracol (m)	**snigel (en)**	['snigəlʲ]
grilo (m)	**syrsa (en)**	['syʂa]
pirilampo (m)	**lysmask (en)**	['lʲys‚mask]
joaninha (f)	**nyckelpiga (en)**	['nʏkəlʲ‚piga]
besouro (m)	**ollonborre (en)**	['ɔlʲɔn‚bɔrə]

sanguessuga (f)	**igel (en)**	['i:gəlʲ]
lagarta (f)	**fjärilslarv (en)**	['fʲæ:rilʲs‚lʲarv]
minhoca (f)	**daggmask (en)**	['dag‚mask]
larva (f)	**larv (en)**	['lʲarv]

FLORA

94. Árvores

árvore (f)	träd (ett)	['trɛ:d]
decídua	löv-	['lʲøːv-]
conífera	barr-	['bar-]
perene	eviggrönt	['ɛvi‚grœnt]
macieira (f)	äppelträd (ett)	['ɛpelʲ‚trɛd]
pereira (f)	päronträd (ett)	['pæːrɔn‚trɛd]
cerejeira (f)	fågelbärsträd (ett)	['foːgəlʲbæːʂ‚trɛd]
ginjeira (f)	körsbärsträd (ett)	['ɕøːʂbæːʂ‚trɛd]
ameixeira (f)	plommonträd (ett)	['plʲʊmɔn‚trɛd]
bétula (f)	björk (en)	['bjœrk]
carvalho (m)	ek (en)	['ɛk]
tília (f)	lind (en)	['lind]
choupo-tremedor (m)	asp (en)	['asp]
bordo (m)	lönn (en)	['lʲøn]
espruce-europeu (m)	gran (en)	['gran]
pinheiro (m)	tall (en)	['talʲ]
alerce, lariço (m)	lärk (en)	['lʲæːrk]
abeto (m)	silvergran (en)	['silʲver‚gran]
cedro (m)	ceder (en)	['sedər]
choupo, álamo (m)	poppel (en)	['pɔpəlʲ]
tramazeira (f)	rönn (en)	['rœn]
salgueiro (m)	pil (en)	['pilʲ]
amieiro (m)	al (en)	['alʲ]
faia (f)	bok (en)	['bʊk]
ulmeiro (m)	alm (en)	['alʲm]
freixo (m)	ask (en)	['ask]
castanheiro (m)	kastanjeträd (ett)	[ka'stanjə‚trɛd]
magnólia (f)	magnolia (en)	[maŋ'nʊlia]
palmeira (f)	palm (en)	['palʲm]
cipreste (m)	cypress (en)	[sʏ'prɛs]
mangue (m)	mangroveträd (ett)	[maŋ'rɔve‚trɛd]
embondeiro, baobá (m)	apbrödsträd (ett)	['apbrøds‚trɛd]
eucalipto (m)	eukalyptus (en)	[euka'lʲyptʊs]
sequoia (f)	sequoia (en)	[sek'vɔja]

95. Arbustos

arbusto (m)	buske (en)	['buskə]
arbusto (m), moita (f)	buske (en)	['buskə]

| videira (f) | vinranka (en) | ['vin‚raŋka] |
| vinhedo (m) | vingård (en) | ['vin‚go:ɖ] |

framboeseira (f)	hallonsnår (ett)	['halʲɔn‚sno:r]
groselheira-preta (f)	svarta vinbär (ett)	['sva:ʈa 'vinbæ:r]
groselheira-vermelha (f)	röd vinbärsbuske (en)	['rø:d 'vinbæ:ʂ‚buskə]
groselheira (f) espinhosa	krusbärsbuske (en)	['krʉ:sbæ:ʂ‚buskə]

acácia (f)	akacia (en)	[a'kasia]
bérberis (f)	berberis (en)	['bɛrberis]
jasmim (m)	jasmin (en)	[has'min]

junípero (m)	en (en)	['en]
roseira (f)	rosenbuske (en)	['rʊsən‚buskə]
roseira (f) brava	stenros, hundros (en)	['stenrʊs], ['hundrʊs]

96. Frutos. Bagas

fruta (f)	frukt (en)	['frʉkt]
frutas (f pl)	frukter (pl)	['frʉktər]
maçã (f)	äpple (ett)	['ɛplʲe]
pera (f)	päron (ett)	['pæ:rɔn]
ameixa (f)	plommon (ett)	['plʲʊmɔn]

morango (m)	jordgubbe (en)	['jʉ:d‚gubə]
ginja (f)	körsbär (ett)	['ɕø:ʂ‚bæ:r]
cereja (f)	fågelbär (ett)	['fo:gəlʲ‚bæ:r]
uva (f)	druva (en)	['drʉ:va]

framboesa (f)	hallon (ett)	['halʲɔn]
groselha (f) preta	svarta vinbär (ett)	['sva:ʈa 'vinbæ:r]
groselha (f) vermelha	röda vinbär (ett)	['rø:da 'vinbæ:r]
groselha (f) espinhosa	krusbär (ett)	['krʉ:s‚bæ:r]
oxicoco (m)	tranbär (ett)	['tran‚bæ:r]

laranja (f)	apelsin (en)	[apɛlʲ'sin]
tangerina (f)	mandarin (en)	[manda'rin]
ananás (m)	ananas (en)	['ananas]

| banana (f) | banan (en) | ['banan] |
| tâmara (f) | dadel (en) | ['dadəlʲ] |

limão (m)	citron (en)	[si'trʊn]
damasco (m)	aprikos (en)	[apri'kʊs]
pêssego (m)	persika (en)	['pɛʂika]

| kiwi (m) | kiwi (en) | ['kivi] |
| toranja (f) | grapefrukt (en) | ['grɛjp‚frʉkt] |

baga (f)	bär (ett)	['bæ:r]
bagas (f pl)	bär (pl)	['bæ:r]
arando (m) vermelho	lingon (ett)	['liŋɔn]
morango-silvestre (m)	skogssmultron (ett)	['skʊgs‚smulʲtrɔ:n]
mirtilo (m)	blåbär (ett)	['blʲo:‚bæ:r]

97. Flores. Plantas

flor (f)	blomma (en)	['blʲʊma]
ramo (m) de flores	bukett (en)	[bʉ'kɛt]
rosa (f)	ros (en)	['rʊs]
tulipa (f)	tulpan (en)	[tulʲ'pan]
cravo (m)	nejlika (en)	['nɛjlika]
gladíolo (m)	gladiolus (en)	[glʲadi'ɔlʉ:s]
centáurea (f)	blåklint (en)	['blʲo:ˌklint]
campânula (f)	blåklocka (en)	['blʲo:ˌklʲɔka]
dente-de-leão (m)	maskros (en)	['maskrʊs]
camomila (f)	kamomill (en)	[kamɔ'milʲ]
aloé (m)	aloe (en)	['alʲʊe]
cato (m)	kaktus (en)	['kaktus]
fícus (m)	fikus (en)	['fikus]
lírio (m)	lilja (en)	['lilja]
gerânio (m)	geranium (en)	[je'ranium]
jacinto (m)	hyacint (en)	[hya'sint]
mimosa (f)	mimosa (en)	[mi'mɔ:sa]
narciso (m)	narciss (en)	[nar'sis]
capuchinha (f)	blomsterkrasse (en)	['blʲomstərˌkrasə]
orquídea (f)	orkidé (en)	[ɔrki'de:]
peónia (f)	pion (en)	[pi'ʊn]
violeta (f)	viol (en)	[vi'ʊlʲ]
amor-perfeito (m)	styvmorsviol (en)	['styvmʊrs vi'ʊlʲ]
não-me-esqueças (m)	förgätmigej (en)	[fø,ræt mi 'gej]
margarida (f)	tusensköna (en)	['tʉ:sənˌɧø:na]
papoula (f)	vallmo (en)	['valʲmʊ]
cânhamo (m)	hampa (en)	['hampa]
hortelã (f)	mynta (en)	['mʏnta]
lírio-do-vale (m)	liljekonvalje (en)	['lilje kʊn 'valjə]
campânula-branca (f)	snödropp (en)	['snø:ˌdrop]
urtiga (f)	nässla (en)	['nɛslʲa]
azeda (f)	syra (en)	['syra]
nenúfar (m)	näckros (en)	['nɛkrʊs]
feto (m), samambaia (f)	ormbunke (en)	['ʊrmˌbuŋkə]
líquen (m)	lav (en)	['lʲav]
estufa (f)	drivhus (ett)	['drivˌhʉs]
relvado (m)	gräsplan, gräsmatta (en)	['grɛsˌplan], ['grɛsˌmata]
canteiro (m) de flores	blomsterrabatt (en)	['blʲomstərˌrabat]
planta (f)	växt (en)	['vɛkst]
erva (f)	gräs (ett)	['grɛ:s]
folha (f) de erva	grässtrå (ett)	['grɛ:sˌstro:]

folha (f)	löv (ett)	['lø:v]
pétala (f)	kronblad (ett)	['krɔn‚bliad]
talo (m)	stjälk (en)	['ɧɛlik]
tubérculo (m)	rotknöl (en)	['rʊt‚knø:li]
broto, rebento (m)	ung planta (en)	['uŋ 'planta]
espinho (m)	törne (ett)	['tø:ŋə]
florescer (vi)	att blomma	[at 'bliʊma]
murchar (vi)	att vissna	[at 'visna]
cheiro (m)	lukt (en)	['lʉkt]
cortar (flores)	att skära av	[at 'ɧæ:ra av]
colher (uma flor)	att plocka	[at 'pliɔka]

98. Cereais, grãos

grão (m)	korn, spannmål (ett)	['kʊ:ŋ], ['span‚mo:li]
cereais (plantas)	spannmål (ett)	['span‚mo:li]
espiga (f)	ax (ett)	['aks]
trigo (m)	vete (ett)	['vetə]
centeio (m)	råg (en)	['ro:g]
aveia (f)	havre (en)	['havrə]
milho-miúdo (m)	hirs (en)	['hyʂ]
cevada (f)	korn (ett)	['kʊ:ŋ]
milho (m)	majs (en)	['majs]
arroz (m)	ris (ett)	['ris]
trigo-sarraceno (m)	bovete (ett)	['bʊ‚vetə]
ervilha (f)	ärt (en)	['æ:t]
feijão (m)	böna (en)	['bøna]
soja (f)	soja (en)	['sɔja]
lentilha (f)	lins (en)	['lins]
fava (f)	bönor (pl)	['bønʊr]

PAÍSES DO MUNDO

99. Países. Parte 1

Afeganistão (m)	Afghanistan	[af'gani‚stan]
África do Sul (f)	Republiken Sydafrika	[repu'bliken 'syd‚afrika]
Albânia (f)	Albanien	[alˡ'banien]
Alemanha (f)	Tyskland	['tʏsklˡand]
Arábia (f) Saudita	Saudiarabien	['saudi a'rabien]
Argentina (f)	Argentina	[argɛn'tina]
Arménia (f)	Armenien	[ar'menien]
Austrália (f)	Australien	[au'stralien]
Áustria (f)	Österrike	['œstɛ‚rike]
Azerbaijão (m)	Azerbajdzjan	[asɛrbaj'dʒʲan]
Bahamas (f pl)	Bahamas	[ba'hamas]
Bangladesh (m)	Bangladesh	[banglʲa'dɛʃ]
Bélgica (f)	Belgien	['bɛlˡgien]
Bielorrússia (f)	Vitryssland	['vit‚rʏslˡand]
Bolívia (f)	Bolivia	[bʊ'livia]
Bósnia e Herzegovina (f)	Bosnien-Hercegovina	['bɔsnien hɛrsegɔ'vina]
Brasil (m)	Brasilien	[bra'silien]
Bulgária (f)	Bulgarien	[bʉlˡ'garien]
Camboja (f)	Kambodja	[kam'bɔdja]
Canadá (m)	Kanada	['kanada]
Cazaquistão (m)	Kazakstan	[ka'sak‚stan]
Chile (m)	Chile	['ɕiːlˡe]
China (f)	Kina	['ɕina]
Chipre (m)	Cypern	['sypɛːŋ]
Colômbia (f)	Colombia	[kɔ'lˡʊmbia]
Coreia do Norte (f)	Nordkorea	['nuːɖ kʊ'rea]
Coreia do Sul (f)	Sydkorea	['syd‚kʊ'rea]
Croácia (f)	Kroatien	[krʊ'atien]
Cuba (f)	Kuba	['kʉːba]
Dinamarca (f)	Danmark	['daŋmark]
Egito (m)	Egypten	[e'jyptən]
Emirados Árabes Unidos	Förenade arabrepubliken	[fø'renade a'rab repub'liken]
Equador (m)	Ecuador	[ɛkva'dʊr]
Escócia (f)	Skottland	['skɔtlˡand]
Eslováquia (f)	Slovakien	[slˡɔ'vakien]
Eslovénia (f)	Slovenien	[slˡɔ'venien]
Espanha (f)	Spanien	['spanien]
Estados Unidos da América	Amerikas Förenta Stater	[a'mɛrikas fø'rɛnta 'stater]
Estónia (f)	Estland	['ɛstlˡand]
Finlândia (f)	Finland	['finlˡand]
França (f)	Frankrike	['fraŋkrike]

100. Países. Parte 2

Gana (f)	Ghana	['gana]
Geórgia (f)	Georgien	[je'ɔrgiən]
Grã-Bretanha (f)	Storbritannien	['stʊrˌbri'taniən]
Grécia (f)	Grekland	['greklʲand]
Haiti (m)	Haiti	[ha'iti]
Hungria (f)	Ungern	['uŋɛːŋ]
Índia (f)	Indien	['indiən]

Indonésia (f)	Indonesien	[indʊ'nesiən]
Inglaterra (f)	England	['ɛŋlʲand]
Irão (m)	Iran	[i'ran]
Iraque (m)	Irak	[i'rak]
Irlanda (f)	Irland	['ilʲand]
Islândia (f)	Island	['islʲand]
Israel (m)	Israel	['israəlʲ]

Itália (f)	Italien	[i'taliən]
Jamaica (f)	Jamaica	[ja'majka]
Japão (m)	Japan	['japan]
Jordânia (f)	Jordanien	[jʊ:'ɖaniən]
Kuwait (m)	Kuwait	[kʉ'vajt]
Laos (m)	Laos	['lʲaɔs]
Letónia (f)	Lettland	['lʲetlʲand]

Líbano (m)	Libanon	['libanɔn]
Líbia (f)	Libyen	['libiən]
Liechtenstein (m)	Liechtenstein	['lihtənstajn]
Lituânia (f)	Litauen	[li'tauən]
Luxemburgo (m)	Luxemburg	['lʉksəmˌburj]
Macedónia (f)	Makedonien	[make'dʊniən]
Madagáscar (m)	Madagaskar	[mada'gaskar]

Malásia (f)	Malaysia	[ma'lʲajsia]
Malta (f)	Malta	['malʲta]
Marrocos	Marocko	[ma'rɔkʉ]
México (m)	Mexiko	['mɛksikɔ]
Myanmar (m), Birmânia (f)	Myanmar	['mjanmar]
Moldávia (f)	Moldavien	[mʊlʲ'daviən]
Mónaco (m)	Monaco	['mɔnakɔ]

Mongólia (f)	Mongoliet	[mʊngʊ'liet]
Montenegro (m)	Montenegro	['mɔntəˌnɛgrʊ]
Namíbia (f)	Namibia	[na'mibia]
Nepal (m)	Nepal	[ne'palʲ]
Noruega (f)	Norge	['nɔrjə]
Nova Zelândia (f)	Nya Zeeland	['nya 'seːlʲand]

101. Países. Parte 3

Países (m pl) Baixos	Nederländerna	['nedɛːˌlʲɛndɛːŋa]
Palestina (f)	Palestina	[palʲe'stina]

Panamá (m)	Panama	['panama]
Paquistão (m)	Pakistan	['paki͵stan]
Paraguai (m)	Paraguay	[parag'waj]
Peru (m)	Peru	[pɛ'rʉ]
Polinésia Francesa (f)	Franska Polynesien	['franska pɔlʲy'nesiən]

Polónia (f)	Polen	['pɔlʲen]
Portugal (m)	Portugal	['pɔ:[ugalʲ]
Quénia (f)	Kenya	['kenja]
Quirguistão (m)	Kirgizistan	[kir'gisi͵stan]
República (f) Checa	Tjeckien	['ɕɛkiən]
República (f) Dominicana	Dominikanska republiken	[dɔmini'kanska repu'blikən]
Roménia (f)	Rumänien	[rʉ'mɛ:niən]

Rússia (f)	Ryssland	['rʏslʲand]
Senegal (m)	Senegal	[sene'galʲ]
Sérvia (f)	Serbien	['sɛrbiən]
Síria (f)	Syrien	['syriən]
Suécia (f)	Sverige	['svɛrijə]
Suíça (f)	Schweiz	['ʃvɛjts]
Suriname (m)	Surinam	['sʉri͵nam]

Tailândia (f)	Thailand	['tajlʲand]
Taiwan (m)	Taiwan	[taj'van]
Tajiquistão (m)	Tadzjikistan	[ta'dʒiki͵stan]
Tanzânia (f)	Tanzania	[tansa'nija]
Tasmânia (f)	Tasmanien	[tas'maniən]
Tunísia (f)	Tunisien	[tʉ'nisiən]
Turquemenistão (m)	Turkmenistan	[turk'meni͵stan]

Turquia (f)	Turkiet	[turkiet]
Ucrânia (f)	Ukraina	[u'krajna]
Uruguai (m)	Uruguay	[ʉrug'waj]
Uzbequistão (f)	Uzbekistan	[us'beki͵stan]
Vaticano (m)	Vatikanstaten	[vati'kan͵statən]
Venezuela (f)	Venezuela	[venesu'ɛlʲa]
Vietname (m)	Vietnam	['vjɛtnam]
Zanzibar (m)	Zanzibar	['sansibar]

www.ingramcontent.com/pod-product-compliance
Lightning Source LLC
Chambersburg PA
CBHW070819050426
42452CB00011B/2104